Federico Cc

Ski Training Conditioning

Il metodo Tana delle Tigri
per la preparazione atletica dello sci

Federico Colli, classe 1979. Milanese per nascita, valdostano per mestiere di vivere. La vita e il lavoro si intrecciano in un comune denominatore: la passione per lo sport a 360°.

Avventuriero e sciatore estremo tra i giganti alpini, le vette himalayane, gli orizzonti di ghiaccio del Polo Nord e l'osservazione dei grossi squali negli abissi degli oceani. Da vent'anni allenatore alla continua ricerca delle migliori soluzioni per gli atleti dello sci alpino.

Tecnico Federale di III livello di sci alpino
Maestro di sci e telemark
Preparatore atletico nazionale
Laurea in economia alla Bocconi
Mental Coach – Performance Coach CONI – Eps
Fondatore Tana delle Tigri ASD
Dive Master
Istruttore di nordic walking
Docente-formatore presso Accademia Infiniteness
Consulente programmazione atletica per Technogym e Pure TV

Precedenti pubblicazioni:
Mera Peak 2002 – Una spedizione Himalayana, La Musica Moderna 2003.
Lhotse – Ice Fall, Tipografia Valdostana 2014.

A Marzia, che mi supporta e sopporta

peri sempre precisi ed esercizi super tosti. Mi sembrava di fare meno ore, ma molto più intense, ritrovando fra l'altro la mia amata pista di atletica, fra i bei ricordi di quando ero bambina.

Per Fede tutto è semplice: fisicamente è una bestia e il primo anno faceva tutto con me, anche le ripetute. Quante volte mi sono sentita una mezza pippa, vedendolo correre al mio fianco in scioltezza, perfino parlandomi e incitandomi, mentre io avevo la lingua per terra! E quante l'ho visto mostrarmi gli esercizi agli anelli o le trazioni che per lui sembravano una robetta facile e per me un'impresa impossibile... Che bello però festeggiare anche assieme a lui la mia prima vittoria in Coppa del Mondo a Sölden, all'apertura della stagione 2015/2016!

Proprio dal 2016 ho avuto la fortuna di essere affiancata da altre due atlete e soprattutto persone fantastiche, Raffaella Brutto e Martina Perruchon, che vivono come me in Valdigne.

Grazie a loro le fatiche sono diventate ancora più divertenti. Abbiamo condiviso gioie e dolori, giornate massacranti e tante risate. Abbiamo migliorato il nostro bagaglio fisico e consolidato la nostra amicizia.

È nato il gruppo delle Tigri, così ci chiama Fede, che a volte ci fa allenare nel suo garage – La Tana delle Tigri – e non ci siamo più separate.

Negli anni non solo siamo cresciute fisicamente, ma abbiamo instaurato un rapporto bellissimo, fatto di amicizia e rispetto reciproco, anche con Fede.

Io sono migliorata, non solo con il mio corpo, ma anche mentalmente. Anno dopo anno mi sento più forte e questo mi dà più sicurezza per tutto!

Vi ho raccontato un po' delle mie esperienze legate a Fede Colli per farvi capire quanto questo suo libro potrà aiutarvi a essere non solo sciatori, e in generale atleti, ma anche persone migliori. Perché Fede sa come far lavorare nel modo giusto chiunque, a tutti i livelli, anche con una buona dose di divertimento. E sa motivare, dando per primo l'esempio.

Prefazione
di Raffaella Brutto

Nella mia vita di atleta ho sempre cercato di essere precisa e metodica in quello che facevo, non ho mai lasciato nulla al caso, e per tanti anni ho pensato di non essere compresa per quella che era la mia preparazione atletica: volevo di più, sentivo che ciò che facevo non era abbastanza. Questo mi ha portato a spingermi e stressarmi troppo fisicamente. Invece di migliorare, incappavo sempre in acciacchi che poi non mi permettevano di essere performante quando più serviva, cioè in gara. Il mio motto era: "Se pensi che oggi ti sei allenata abbastanza, pensa che nel mondo c'è qualcuno che oggi si è allenato più di te!". Niente di più sbagliato... e mi ci sono voluti anni per scoprirlo!

Ho conosciuto Fede Colli, grazie a Fede B (Federica Brignone). Un'estate mi sono ritrovata con lei a fare qualche allenamento (del programma Colli) e mi sono accorta che il suo metodo di allenamento era totalmente diverso dai classici allenamenti che mi erano sempre stati proposti. Così per la stagione successiva ho deciso di provare a chiedere a Fede se avrebbe avuto piacere ad allenare anche me, e dopo avermi fatto un piccolo test atletico mi ha detto di sì!

Ricordo ancora la prima settimana di allenamento con lui: la peggiore della mia vita... mi sono maledetta per aver preso quella decisione! Meno ore di allenamento, ma così intense che ho pensato di non essermi mai allenata fino a quel giorno.

Con Fede ho imparato che non è la quantità dell'allenamento a fare una preparazione intensa e adeguata, ma la qualità del tempo che impieghi. Ho imparato che a volte bisogna essere umili e fermarsi se si ha male da qualche parte, piuttosto che continuare imperterriti sul programma di allenamento. Ho imparato che prima di tutto devi conoscere te stesso e i tuoi limiti, per crescere e migliorarti rispettando il tuo corpo.

Gli allenamenti con Fede non sono mai banali: oltre ai quadri che dipinge nel tempo libero, è un'artista anche nella stesura di un programma atletico. Riesce sempre a creare allenamenti interessanti e divertenti, e la fatica con queste condizioni si sente meno!

Se stai pensando di scegliere Fede Colli come preparatore atletico per andare in palestra a tirare su ghisa, alternato questo tipo di allenamento alla corsa o alla bici, fermati un attimo. I suoi allenamenti non sono basati su quanti chilogrammi tiri su di panca piana, squat o girate, e nemmeno su quante ore settimanali passi a pedalare... e direi per fortuna! Nella mia mente ottusa, prima di ingaggiarlo come preparatore, ero convinta che le sue sedute in palestra fossero poche e che mi servissero sicuramente più lavori di forza per affrontare le gare in inverno. Mi sono dovuta ricredere. Se c'è una cosa che non mi è mai mancata durante la preparazione con Fede è la forza, ma grazie ai suoi programmi ho imparato ad adattarla coordinandomi con tutto il mio corpo: un aspetto fondamentale nel mio sport, e non solo!

I suoi allenamenti sono basati principalmente su esercizi combinati e circuiti.

I primi, gli esercizi combinati, sono tra i miei allenamenti preferiti, perché mettono alla prova le mie capacità di forza e di coordinazione. Tra le cose che adoro, e chi mi conosce lo sa, ci sono gli esercizi di equilibrio. Per me è come entrare in un parco giochi, e questi esercizi esaltano un po' il mio spirito folle. Nello snowboard cross devi imparare a convivere con l'adrenalina e con la paura, anzi, devono proprio piacerti, e alcuni esercizi proposti da Fede ti mettono alla prova: "Ce la farò?"

I circuiti, invece, sono per me quelli più faticosi, sono incentrati sul lavoro cardio abbinati a esercizi di forza. Oltre a mettere sotto stress il cuore, il fiato, le gambe e le braccia, per me è sempre stato anche un lavoro mentale notevole. Tante volte mi sono detta: "Non ce la faccio più, io mollo". Ma non l'ho mai fatto, perché la vocina competitiva dell'atleta che sono mi ha sempre detto: "Questo non è il tuo limite, l'allenamento serve per questo: per imparare a non cedere di fronte alle difficoltà, adesso come in gara e nella vita".

Non potevo fare scelta migliore nel prendere Fede come mio preparatore: non sarei l'atleta e la persona che sono ora se non lo avessi incontrato sulla mia strada. Spero che questo libro vi possa trasmettere anche solo una piccola parte di quello che ho appreso lavorando fianco a fianco con Fede per tanti anni.

Buona lettura, e buon allenamento!

Capitolo 1

La preparazione atletica vincente per lo sci alpino

Tana delle Tigri

Sia durante il mio percorso di atleta sia nella mia carriera lavorativa come allenatore ho sempre riscontrato difficoltà nel trovare efficaci metodologie d'allenamento per lo sci alpino nella letteratura passata e attuale.

Il materiale che riuscivo a trovare o che mi veniva proposto rientrava in concetti molto vecchi e ormai sorpassati, oppure mi imbattevo in informazioni di carattere estremamente generale. Per non parlare di tutte le informazioni più o meno valide che oggi si possono scaricare dal web.

Nemmeno i corsi di formazione o di aggiornamento sfamavano la mia voglia di comprendere e concepire un'efficace programmazione atletica, davvero funzionale per lo sci alpino.

Queste mie ricerche non mi hanno mai soddisfatto ed ero sicuro si potesse studiare qualcosa di migliore per una parte fondamentale della programmazione annuale dell'allenamento per lo sci alpino.

Da qui l'idea di codificare ciò che avevo trovato efficace.

Una programmazione atletica che avesse davvero un transfer positivo sullo sport specifico.

Ho deciso allora di intraprendere uno sforzo intellettuale per imbarcarmi in un'avventura editoriale, cercando di trasmettere agli atleti e allenatori l'esperienza di migliaia di ore di studio, lavoro e pratica riassunte in un nuovo ed efficace metodo di training: il Metodo Tana delle TIGRI.

Volevo finalmente un metodo di lavoro che si addentrasse nello specifico di ogni fase dell'allenamento, non soltanto un volume denso di concetti generali che sfiorasse solamente la superficie della quotidianità dell'allenamento.

Quotidianità che poi è la vera barriera ma anche la vera opportunità da pianificare per aiutare l'atleta a ottenere la sua migliore performance.

Ciò che più mi ha spinto a descrivere un programma di allenamento vincente per lo sci alpino, sono i **fatti** che supportano questo metodo di allenamento.

Alla fine di tutto sono i risultati che contano.

Atleti di livello mondiale e olimpico, tantissimi atleti di interesse nazionale e agonisti degli sci club che seguono i miei programmi ne traggono enormi benefici, sia in termini di performance sia nella prevenzione degli infortuni.

Infatti il nostro sport ha un'alta componente di rischio infortuni, e un'efficace programmazione, così come una gestione attenta, personalizzata e graduale della preparazione atletica, può far diminuire questo rischio oggettivo.

In linea di principio lo sci alpino è uno sport sovente traumatico per le articolazioni. Ritengo quindi che sulla preparazione atletica sia necessaria un'attenta analisi degli esercizi e delle metodologie che vengono proposte all'atleta.

Volevo inoltre che fosse un metodo chiaro e pratico e non solo un elenco di dati e studi teorici. Spesso gli studi e la letteratura in cui mi sono imbattuto rimanevano un elenco infinito di test, valori e statistiche su atleti di alto livello.

In tanti anni da allenatore mi sono reso conto di numerosi errori del passato ma anche attuali, presenti in molti programmi o allenamenti che vengono proposti agli atleti di sci alpino.

Tantissimo tempo perso nella direzione sbagliata da innumerevoli atleti e coach. Infinite sessioni di training senza davvero centrare il bersaglio di una programmazione efficace per quel minuto e mezzo ad altissima intensità su un pista, all'interno di un tracciato, con delle curve obbligate.

E così vedevo e sentivo atleti con migliaia di chilometri in bici nelle gambe, agonisti pesantemente infiammati nell'articolazione del ginocchio da centinaia di balzi e ore di corsa.

Tutto questo non aveva un senso per me.

Si può e ci si deve allenare a secco, mirando il bersaglio.

Il tempo non è infinito, sia nella programmazione annuale sia nella carriera giovanile o in età adulta degli sciatori. Il tempo deve essere ottimizzato nella corretta direzione. Integrato nel migliore dei modi con gli impegni sciistici.

La logistica, gli spostamenti e le location dove durante l'anno, ma soprattutto in inverno, gli sciatori si allenano a secco non sono sempre la soluzione più pratica per la comfort zone. Proprio per questo, con la giusta attrezzatura, davvero calibrata per essere efficace ma di semplice e gestibile reperibilità, si può eseguire il migliore degli allenamenti per gli atleti di ogni livello. La maggior parte degli esercizi si possono eseguire all'aperto, soprattutto finche le temperature lo permettono. Quello che davvero conta sono il metodo e la programmazione, non la location.

Capitolo 2

Pianificare l'allenamento

Valutazione dell'atleta

Non tutti gli allenamenti sono indicati, per ogni tipologia di atleta. Un'affermazione che sembra scontata e banale, eppure quante volte nelle programmazioni atletiche vengono proposte le stesse cose per tutti? Alcuni esercizi e metodi, quasi fossero dogmi inscalfibili, obbligatori da proporre agli atleti.

Indispensabile tenere conto dell'età e dello sviluppo dell'atleta; così come del livello. Quanto scia l'atleta in questione? Quanti altri sport pratica? Con che frequenza può e vuole allenarsi a secco per lo sci alpino? È un amatore e non un atleta? Qual è l'anamnesi dell'atleta?

La valutazione del livello atletico oltre che sciistico è molto importante per poter stabilire la corretta programmazione atletica, i volumi di lavoro e la scelta degli esercizi da proporre. Quindi ovviamente ogni sciatore deve essere allenato, tenendo conto di molteplici fattori.

Test

Un buon modo per poter rispondere a molte domande e fare chiarezza sull'atleta che abbiamo davanti, oltre all'occhio esperto di un coach o di un preparatore atletico, è quello di fare eseguire dei test.

Esistono ottimi test da campo per valutare alcune caratteristiche atletiche degli allievi. Oltre ai classici Test di Cooper per valutare il VO2 Max o i test di flessibilità come il Sit and Reach Test, alcuni esempi di ottimi test da campo sono i 30mt, i 60mt, i circuiti ad alta intensità con lavori lattacidi (45"-2 min) o con componenti di difficoltà per la coordinazione intramuscolare; oltre alla valutazione delle componenti legate all'equilibrio. Utili anche dei semplici test da campo sul core stability e il core strenght.

Ma oltre ai test da campo oggi è possibile utilizzare macchinari di ultima generazione, con cui si riescono a ottenere valutazioni posturali. Questo è un fattore chiave per la prevenzione degli infortuni e la scelta dei corretti allenamenti ed esercizi da proporre.

Sono fondamentali la scelta dei test e la successiva valutazione di questi da parte di un occhio esperto. In centri specializzati possiamo analizzare e testare i valori di forza Max, potenza, accelerazione e indice di elasticità dei nostri atleti o sciatori amatoriali. Ad esempio con un counter movement jump.

Inoltre molti di questi test si possono fare anche con gli scarponi ai piedi. Nel 2017 grazie al supporto del dottor Tencone e del dottor Aprato sono riuscito a fare eseguire questi test con gli scarponi, sia per Federica Brignone sia per Martina Perruchon, due atlete professioniste dello sci che preparo dal 2015.

Il tutto a inizio preparazione, in modo da avere maggiori dati su come si muovessero con gli scarponi. Fummo i primi al mondo a eseguire questi test in questo modo. Oggi sono test e valutazioni che posso far fare anche agli atleti di livello di club e amatori, nei centri specializzati e con macchinari di nuova generazione come il D Wall.

Finché un atleta corre male, balza con notevoli scompensi motori o manifesta deficit di mobilità articolari, alcuni esercizi non possono essere proposti. Rischiano di essere controproducenti per la crescita atletica dell'agonista, se non addirittura dannosi.

Prima di impostare la programmazione atletica è necessaria l'anamnesi dell'atleta e, nel caso di infortuni pregressi, la valutazione del suo recupero completo o parziale. Così come è importante interfacciarsi e instaurare un rapporto lavorativo e periodico di flusso di feedback e informazioni con il medico e/o il fisioterapista dell'atleta. Sembra una cosa complicata nella frenesia delle giornate lavorative al giorno d'oggi; ma non è così.

Una telefonata, una mail e un aggiornamento durante l'avanzamento della preparazione atletica o durante la stagione di gare è sempre fattibile e, oltre a far percepire ai nostri atleti un reale e concreto interesse nei loro confronti, serve a monitorare "l'avanzamento lavori" in un effettivo lavoro di équipe; anche per chi, per livello e/o budget, non è seguito effettivamente da un'équipe 365 giorni l'anno.

Ogni singolo atleta risponderà in modo differente all'allenamento che abbiamo pianificato. Sarà quindi il trainer a gestire con equilibrio e la giusta intensità il percorso durante la preparazione atletica. Dilatando dove necessario i periodi di recupero, senza per questo snaturare la metodologia applicata.

Con questa metodologia di allenamento viene permesso a ogni atleta di allenarsi al meglio e usufruire in maniera efficiente del tempo.

Il tempo è prezioso e nello sci alpino è limitato fortemente dalle componenti legate alla logistica, alle trasferte, al periodo di gare e alle condizioni meteo.

Perciò non può essere assolutamente sprecato nella direzione sbagliata.

13/14 settimane tra la primavera e l'estate sono di vitale importanza per fondare il cuore della preparazione atletica dello sciatore.

Alcuni atleti possono essere allenati singolarmente, e per ovvi motivi questo permette una pianificazione e uno sviluppo dell'allenamento come un abito su misura.

Spesso la realtà degli sci club e non solo è quella dell'allenamento atletico di gruppo. Anche in questo caso però, mantenendo le differenze tra categorie, si possono creare dei programmi con all'interno delle differenziazioni per i singoli atleti.

Sempre all'interno della sessione di training, quindi, andremo a creare esercizi ad hoc per gli atleti. Ad esempio in una sessione dedicata alla forza per la categoria giovani andremo a scegliere gli esercizi adatti per ognuno, senza allontanarci dall'obiettivo atletico della giornata. Chi sa già compiere delle girate con il bilanciere olimpico si dedicherà a quell'esercizio, mentre chi ancora tecnicamente non padroneggia quel gesto eseguirà le sue serie di 1/2 squat; per poi tornare in un altro momento al miglioramento del gesto tecnico.

Sia nel lavoro one to one sia nell'allenamento di gruppo è essenziale creare e mantenere un clima positivo.

Torneremo sull'argomento più avanti, ma in qualità di mental coach certificato mi rendo conto sempre di più che l'atteggiamento positivo e il mood propositivo sono importantissimi per ottenere il massimo da una sessione di training, in modo che l'intensità e l'energia siano al massimo della loro espressione anche durante l'allenamento a secco e non soltanto durante l'allenamento nello sport specifico-sci.

Ricordiamoci che per molti atleti la preparazione atletica non ha certo lo stesso appeal degli allenamenti sciistici sulla neve.

Capitolo 3

Allenamento e recupero

Fattori chiave

PROGRESSIVITÀ

L'allenamento deve essere programmato e proposto in maniera progressivo.

Da facile a difficile, dall'esecuzione dei gesti a corpo libero all'introduzione di attrezzi e sovraccarichi.

Da esercitazioni corrette dal punto di vista del gesto tecnico alla pratica dello stesso esercizio, con l'aggiunta di difficoltà coordinative, di accelerazione o disequilibrio.

La progressività va intesa, anche come evoluzione dell'atleta dall'età giovanile fino all'età adulta. Incominciare la preparazione in primavera con 2-3 settimane di riattivazione atletica, allenamento sulla resistenza di base, sul core e sulla tecnica di alcuni esercizi più complessi.

Successivamente immergersi nelle 13-14 settimane centrali della preparazione atletica per lo sci. Intervallando i microcicli di training ai giusti riposi: 5 giorni di training intenso + 2 giorni di recupero.

Scollinare nel periodo autunnale con maggiori impegni sciistici e 10/11 settimane circa di trasformazione atletica, sinergica con le attività sulla neve.

Così da arrivare preparati alla stagione di gare e vero e proprio cuore della stagione sciistica.

In questo periodo andranno gestiti i richiami delle diverse capacità condizionali e coordinative, mantenendo l'atleta o lo sciatore in generale in un'ottimale stato di forma specifico per la performance sulla neve.

INTENSITÀ

La qualità dell'allenamento è di gran lunga più importante della quantità. È ovvio che un certo volume di training va raggiunto, per ottenere i migliori risultati. Ma senza la giusta intensità moltissime esercitazioni a secco o allenamenti sulla neve rischiano di non essere così produttivi.

In uno sport dove è necessario essere altamente intensi per circa 1 minuto e 30 di pista è necessario allenarsi fisicamente e mentalmente con enorme energia e intensità.

Allenare davvero la forza, la potenza o la resistenza di breve durata non è concepibile se non si inserisce la massima brillantezza e intensità del gesto. Nei movimenti più veloci e balistici, dove l'attivazione neuromuscolare richiesta è al massimo della sua erogazione, allenamenti a bassa intensità non producono evidenti transfer positivi sullo sci.

Così come un allenamento di livello, sul core e sui lavori combinati multifunzionali, non ottiene gli ottimi benefici diretti sulla performance sciistica se non viene eseguito con elevati livelli di potenza.

Per non parlare degli enormi benefici dei lavori a circuito ad alta intensità, che portano a straordinari miglioramenti sulla resistenza di breve durata nello sci alpino, sostituendo con maggior efficacia chilometri e chilometri di bicicletta e corse.

VARIAZIONE

La variazione delle esercitazioni atletiche, così come l'alternanza di training sugli sci e allenamenti a secco, è un fattore chiave per la pianificazione annuale per l'atleta o per il semplice appassionato.

L'integrazione dei carichi di forza, velocità, resistenza di breve durata e allenamenti sciistici va calibrata nel periodo di carico rispetto al periodo di gare, in modo da avere un ottimo livello di performance su tutto l'arco della stagione di gare. Un capitolo a parte è quello della programmazione precisa per un evento (olimpiade, mondiale, una finale importante).

Il mio metodo di training non presuppone dei microcicli esclusivamente dedicati alla forza o all'equilibrio o alla resistenza di breve durata; ma all'interno della settimana, a seconda dei periodi di training, si lavorerà su molteplici capacità condizionali e coordinative.

RECUPERO

Partendo dalla definizione di Verkhoshansky, in cui vengono definite le attività d'allenamento come "una serie di stimoli artificiali a cui esponiamo il corpo per stimolare adattamenti morfo-funzionali", possiamo comprendere che andranno alternati i periodi di carico con quelli di recupero, alternando i livelli di intensità e la tipologia di esercitazioni all'interno dei microcicli, così come inserendo dei giorni di scarico alla fine di ogni macrociclo di carico.

L'allenamento deve migliorare le performance atletiche e i carichi di lavoro devono essere sufficientemente intensi da creare adattamenti fisiologici positivi, senza tralasciare i corretti recuperi, creando un accumulo di fatica che porta il nostro atleta in overtraining, peggiorandone le performance.

Un atleta in overtraining avrà capacità di coordinazione intramuscolare, equilibrio e forza peggiori.

L'overtraining fisico e quello psicologico sono fattori che predispongono l'atleta alle lesioni muscolari e alle infiammazioni. La maggior parte degli incidenti nello sport avviene quando l'atleta è stanco e viene meno la possibilità di controllare i movimenti o reagire prontamente a variabili improvvise.

Le reazioni neuromotorie e la capacità di reagire a stimoli diversi durante la performance sciistica sono migliori quando l'atleta è in uno stato di attivazione e sollecitazione di potenza, caratteristiche non presenti in un atleta in overtraining, sia dal punto di vista fisico sia mentale.

Segnali dell'overtraining: tra le spie rosse che fanno accendere un sospetto di sovrallenamento abbiamo disturbi nell'appetito e nel sonno, aumento del battito cardiaco a riposo, ma soprattutto un peggioramento atletico e performance peggiori date da una minore forza/potenza e da un quasi cronica affaticamento muscolare.

Come evitare questa situazione che potrebbe compromettere la progressività dell'allenamento a secco e portare a peggiori performance sulla neve?

Oltre a una corretta pianificazione del macrociclo d'allenamento, l'inserimento di due giorni di recupero settimanali nei periodi di maggior carico di lavoro. Due giorni di recupero ogni 5 giorni di allenamento molto intenso a incremento dei carichi e dell'intensità. Così come 5-7 giorni di recupero ogni 4 o 5 settimane di carico intenso, in fase di preparazione.

Con questo intervallo dei carichi/riposo ho ottenuto negli anni i migliori risultati con molti atleti.

Ovviamente non è una regola per ogni atleta, poiché bisogna tenere conto dell'età, del livello dell'atleta, del genere, del contesto e dello stato psicologico del soggetto.

Il rapporto con il fisioterapista può sicuramente migliorare il controllo dello stato di affaticamento muscolare dello sciatore. Così come una dieta bilanciata e magari controllata da un dietologo sportivo.

L'importante è non dimenticarsi che il riposo serve per ottimizzare i benefici dell'allenamento e la sua progressione.

Così come il giusto timing di un tapering in autunno porta a un miglioramento della prestazione sugli sci.

Possiamo definire il tapering come "la riduzione progressiva del carico di allenamento, per un periodo di tempo variabile, con lo scopo di ridurre lo stress fisiologico e psicologico dell'allenamento quotidiano, per ottimizzare la prestazione sportiva" (Mujika, Padilla 2000).

Con questa fase di trasformazione nelle 10 settimane autunnali, sinergica al tapering, in autunno si riesce a ridurre la fatica accumulata nel periodo estivo di maggior carico atletico e a raccogliere i miglioramenti atletici in vista del maggior lavoro sulla neve.

In questa fase di trasformazione autunnale si riesce a smaltire il lavoro dei carichi estivi, migliorando e sfruttando al meglio gli adattamenti creati sulle capacità condizionali e coordinative.

Strettamente legato al recupero è il concetto di **super compensazione:** "Un modello teorico che spiega il processo di adattamento dell'organismo a un determinato stimolo allenante. Il processo di affaticamento e deterioramento indotto dall'esercizio fisico viene compensato da una serie di reazioni atte ad incrementare i processi rigenerativi anabolici." J. Weineck

Con questa supercompensazione l'organismo ricostruisce le microlesioni muscolari e riporta un equilibrio all'interno dell'organismo.

Le fasce muscolari allenate e il metabolismo coinvolto non ritornano allo stato iniziale, ma si migliorano per un periodo limitato.

Gli allenamenti per innescare questa supercompensazione sia atletici che sciistici devono essere progressivi nella loro intensità e difficoltà. La vera *conditio sine qua non* per usufruire al massimo della supercompensazione è il recupero.

Senza il necessario recupero non si avrà un miglioramento prestativo evidente e si rischia un overtraining.

Senza una corretta programmazione dei recuperi si incapperà in una condizione di catabolismo muscolare, anziché un allenamento anabolico, necessario per lo sciatore.

Periodizzazione

Dividiamo l'annualità dell'atleta di sci alpino in 4 fasi.

1. Primavera/Estate. Il cuore del periodo dell'allenamento a secco. Con una prima fase di riavvio degli allenamenti, dopo il periodo di riposo. In questa prima fase è programmato il macrociclo di ripresa dei lavoro atletico: circa 2 o 3 settimane.
Successivamente avviene la fase di carico principale con un progressivo aumento dei carichi e delle intensità. Nella fase estiva ovviamente il lavoro atletico andrà coordinato con quello sciistico: 12-13 settimane.

2. Un periodo autunnale dove solitamente aumentano gli allenamenti e i raduni sulla neve e dove il lavoro atletico deve prevedere una trasformazione in vista della stagione invernale.
Qui la forza, deve essere convertita in forza specifica.
Ci vogliono almeno 5 settimane per una conversione nello sport specifico, ma è molto soggettivo da atleta ad atleta. Spesso anche più settimane per esperienza empirica.
Questo fattore atletico deve essere ben integrato con gli impegni sulla neve e le logistiche dei viaggi per gli allenamenti in ghiacciaio. In questo periodo, sommando il lavoro in pista, deve avvenire la conversione della forza nelle sue componenti specifiche a resistenza di breve durata e potenza.
Circa 10/11 settimane

3. Periodo invernale: corrisponde al periodo di gare o di sci per gli amatori. In questo momento la maggior parte del training si svolge sulla neve e la concentrazione dell'impegno agonistico va gestita al meglio anche dal punto di vista atletico, con una particolare attenzione da dedicare alle/alla giornata pre race. È necessario mantenere i livelli di forza e continuare a fare

richiami sulla forza specifica. Il tutto integrato con i grossi impegni di allenamento e gare sulla neve.

In questa fase la potenza e la forza devono essere monitorate per non incappare in cali di forma e stanchezza muscolare.

4. Fine stagione-periodo di scarico. In questa fase sono particolarmente importanti il riposo e il recupero, fattori chiave da concepire come parte integrante e fondamentale dell'allenamento.

Questo in ogni fase dei macrocicli e microcicli durante tutto l'anno, elemento chiave del giusto equilibrio psicofisico. 2-3 settimane.

È fondamentale stabilire inoltre la periodizzazione della forza per soddisfare due punti essenziali nell'allenamento dello sci Alpino. Il primo è quello di integrare l'allenamento della forza all'interno dei macrocicli annuali e nei diversi microcicli d'allenamento. Così come inserirlo nei richiami durante il periodo di gara in inverno.

Il secondo punto di enorme importanza è quello dell'aumento della forza e quindi del suo transfer diretto nello sport specifico, anno dopo anno, seguendo un percorso graduale e tenendo sempre in mente l'età e le caratteristiche dell'atleta.

Per lo sci alpino la resistenza di breve durata è la qualità necessaria per tutte le discipline (SL, GS, SG, DH) che vanno dai 45" fino ai 2 minuti, dove la combinazione di capacità lattacida e potenza aerobica sono la chiave per una performance sport specifico.

Un altro fattore di cui tenere conto per la periodizzazione della forza è quello dei carichi di lavoro oltre che del loro volume.

Un carico troppo leggero recluta solamente un numero limitato di unità motorie e quindi la forza di contrazione risulta troppo bassa.

Ma un fattore chiave per un transfer diretto nello sci alpino è anche la velocità di contrazione muscolare nel gesto atletico, così come nell'allenamento a secco.

Motivo per cui certi esercizi sono migliori di altri per l'incremento della potenza degli arti inferiori; come ad esempio il 1/2 squat, lo swing, lo swing snatch con kettlebell e le girate olimpiche.

Esercizi tra l'altro che bisogna maneggiare con sicurezza nel gesto tecnico, prima di poterne eseguire un allenamento con i carichi.

Il miglioramento della tecnica di molti esercizi dedicati alla forza può essere esercitato anche in età giovanile (cat. ragazzi) senza necessariamente utilizzare ancora dei veri carichi; altrimenti quando più avanti questi atleti dovranno utilizzare queste tecniche per incrementare la forza potrebbero incappare in problematiche, infiammazioni o peggio infortuni, non padroneggiandone la tecnica di esecuzione.

Quindi la *conditio sine qua non* per utilizzare certe tecniche ed esercizi per allenare la forza è l'eccellente esecuzione tecnica del gesto.

Certo, i macchinari sono più semplici e sicuri da utilizzare per un atleta poco esperto, ma non avranno mai la stessa efficacia per l'incremento della forza e il transfer diretto nello sci.

Dobbiamo prendere in considerazione il fatto che l'allenamento della forza per lo sci alpino deve tenere conto delle peculiarità fisiologiche di questo sport. Saranno da prediligere quindi esercizi a catena cinetica chiusa e dove viene utilizzato tutto il corpo per compiere il gesto atletico.

Continuità

Un elemento chiave della progressione degli allenamenti e il conseguente miglioramento atletico è la continuità del training.

Rispettando i recuperi e i riposi settimanali, l'allenamento deve avere una sua continuità. Allenarsi a intermittenza non produce reali benefici di performance sulla neve.

Varieranno l'intensità e i carichi a seconda del periodo, ma bisogna seguire una linea rossa di continuità durante l'arco annuale e nella crescita agonistica dei giovani atleti. Cosi come per gli atleti adulti.

Importante anche per i semplici amatori mantenere una certa continuità di training, per ottenere reali benefici sulle piste da sci.

MICROLESIONI MUSCOLARI INDOTTE DALL'ESERCIZIO

L'allenamento intenso o la mancanza di un adeguato allenamento provocano nell'atleta delle microlesioni muscolari. Se questi piccoli dolori muscolari compaiono dopo 12-24 ore dall'allenamento possono essere definiti metabolici. Se questi dolori muscolari compaiono dopo 24-48 ore dalla seduta di allenamento a secco o sciistico possiamo definirle mialgie. Sarebbe meglio non allenare con alta intensità le fasce muscolari doloranti. Il rischio potrebbe essere quello di una contrattura, uno stiramento o uno strappo.

Se forti dolori muscolari compaiono dopo 48 ore dalla seduta di allenamento a secco o sciistico possiamo definirli Doms.

In questo caso i tempi di recupero, il corretto riposo e la scelta delle esercitazioni proposte nel training quotidiano devono essere scelti con ancora più attenzione. L'allungamento, gli esercizi di mobilità articolare, una blanda attività aerobica, massaggi, rullo per i trigger point e crioterapia possono velocizzare il recupero fisico.

FEEDBACK GIORNALIERO DELL'ATLETA-ASPETTO FISICO/MENTALE

Proprio per questo motivo, quotidianamente desidero ricevere il feedback dell'atleta. Per sapere come sta muscolarmente e in che mood mentale si trova.

Un utile e semplice sistema empirico che ho utilizzato per anni è quello di chiedere all'atleta a quante "Stelle" si trova oggi.

Tre stelle: significa che non sente nessun indolenzimento muscolare, si sente molto esplosivo, un alto livello di stamina e vigore fisico, accompagnato da un mood mentale estremamente positivo. La proposta atletica e sciistica rispetterà il piano originale, con un training intenso e adeguato al periodo dell'anno.

Due stelle: lo sciatore presenta indolenzimenti muscolari. Terrò conto di questi dolori metabolici e indagherò sul cosa, quando, perché siano presenti quel giorno. L'allenamento va gestito sulla scelta degli esercizi e i carichi da utilizzare.

Una stella: atleta che presenta forti dolori muscolari, magari accompagnati da infiammazione articolare. Stanchezza fisica diffusa. Poca attitudine mentale a lavori con grossi carichi di fatica e potenza: scarsa reattività. Campanello d'allarme, bisogna valutare moltissimi fattori tra cui l'overtraining e la scelta giornaliera dell'allenamento. Per non incappare in peggiori infiammazioni, infortuni o sovrallenamento cronico.

È un metodo che sembra davvero semplicistico, ma di grosso supporto giornaliero per la gestione dell'allenamento da campo e sugli sci.

Ascoltare il più possibile l'atleta: cosa dice, come lo dice, cosa non dice.

Questo ci aiuterà a capire la bontà della progressione dell'allenamento e la scelta del metodo.

Ogni fine microciclo desidero sempre un feedback settimanale dell'atleta, in modo che dopo le giornate di recupero, se devono essere modificate delle esercitazioni del microcliclo successivo, si ha il tempo di ragionare e comprendere l'andamento del lavoro di training.

CAPACITÀ DI RIPROGRAMMAZIONE DELL'ALLENAMENTO SU MISURA PER L'ATLETA

Alla luce di quanto detto, ogni atleta può digerire in modo differente un certo allenamento, cosi come una progressione di carichi. Oppure ottenere maggiori risultati con certi esercizi rispetto ad altri. Anche il recupero sarà soggettivo e sarà scrupolo e bravura del coach riprogrammare la seduta d'allenamento giornaliera, così come rivedere il microciclo successivo.

Gli elementi da considerare sono davvero molteplici e molto complessi per poterli estinguere in poche righe senza annoiare o confondere un lettore che non faccia parte degli addetti ai lavori.

Però una cosa è importante e sicuramente gestibile per il training quotidiano: conoscendo il microciclo settimanale e presa visione del lavoro atletico/carico sciistico compiuto nel microciclo precedente, il trainer dovrà preparare per ogni giornata di lavoro atletico, anche un PIANO B nel caso le condizioni dell'atleta non fossero ottimali a causa di forti mialgie muscolari. Perciò è necessario arrivare al training atletico giornaliero consapevoli e preparati al fatto che si potrebbe passare al PIANO B, preparato per ogni seduta d'allenamento. Questo è più facile che accada nel periodo di massima intensità e di maggiori carichi, che avviene in estate. Anche se per esperienza personale una buona programmazione, così come il rispetto dei tempi di recupero e le giornate di scarico, fanno sì che sia davvero raro utilizzare un programma alternativo, così come dover riprogrammare i microcicli successivi.

GESTIONE DI UNA PROGRAMMAZIONE ATLETICA DI GRUPPO.
Allenare singolarmente un atleta ha enormi benefici e vantaggi evidenti sul lavoro one to one.

Spesso però la realtà degli sci club, vera linfa vitale della crescita dei giovani agonisti all'interno della realtà dello sci alpino, è un quotidiano lavoro di gruppo.

Anche all'interno di un gruppo, mantenendo le differenze di allenamenti a seconda dell'età e del livello degli atleti/amatori, possiamo svolgere un ottimo training adatto e specifico per lo sci alpino. Tenendo sempre in grande considerazione il feedback degli atleti, la programmazione del programma, monitorando le presenze e la partecipazione effettiva dei vari elementi del gruppo. Cosi da gestire una vera programmazione progressiva, logica e assimilabile dai componenti del gruppo.

È quindi necessario programmare esercitazioni e gesti tecnici diversi a seconda del grado di preparazione degli atleti, differenziando o diversificando gli esercizi atletici proposti, a seconda della difficoltà tecnica che gli atleti possono gestire come conseguenza del percorso svolto fino a quel momento.

Senza allontanarci dal target dell'allenamento proposto, ad esempio, un'esercitazione sulla forza o sull'equilibrio potrà essere svolta con esercizi e intensità diversa a seconda delle capacità fin li raggiunte dai diversi atleti presenti, concludendo però lo scopo dell'allenamento quotidiano. Cosi da poter fornire a ogni ragazzo il giusto percorso atletico, nonostante un allenamento collettivo.

TEMPI DI RECUPERO
I tempi di recupero sono molto importanti nella corretta programmazione all'interno degli allenamenti, delle serie e delle ripetizioni proposte.

Sui lavori di forza solitamente l'ideale è tenere 3 minuti di recupero. Sia che si tratti di lavori di pesistica, multifunzionali/combinati e sulla parte alta.

Così come tra le serie dei circuiti ad alta intensità, in modo da poter rientrare in una zona cardio in soglia (consigliato per questo tipo di allenamento l'utilizzo di fasce/orologi cardio).

Durante tutto il periodo di carico estivo sarà importante monitorare i BPM (battiti per minuto) alla fine della ripetizione a circuito, monitorare l'abbassamento dei battiti dopo un minuto di recupero, e segnare i BPM prima della ripartenza della serie successiva allo scadere dei 3 minuti di recupero.

Durante l'andamento dei carichi estivi l'atleta migliorerà l'abbassamento della frequenza cardiaca durante il recupero, metabolizzando l'incremento delle intensità dei circuiti durante le settimane di carico. Questo avrà un transfer diretto positivo sulla capacità di recupero tra le discese in pista.

Per quel che riguarda gli sprint sia in piano che in salita, i recuperi varieranno a seconda delle distanze percorse.

1:30" di recupero per gli sprint più brevi come 10, 15 mt, utilizzando invece recuperi tra i 2-2:30 min per i 30-60 mt, fino al recupero completo >3 min, per i 100 mt.

Sugli esercizi riguardanti il core e l'equilibrio consiglio sempre recuperi brevi, per mantenere intenso il lavoro atletico 1-1,30 min.

Capitolo 4

Periodizzazione dell'allenamento

Esempio di organizzazione annuale

Come visto in precedenza dividiamo l'anno dello sciatore dal punto di vista atletico in 4 fasi. **Tutti gli allenamenti cominciano con un warm up generico e poi specifico per il tipo di allenamento richiesto. Ogni giorno bisogna dedicare almeno 20 min all'allungamento, agli esercizi di mobilità e al rullo trigger point.**

In linea di principio, ecco un esempio pratico della periodizzazione annuale per il 2021-2022.

Fase 1

RIAVVIO DELLA PREPARAZIONE ATLETICA/TEST

Dopo un periodo di recupero.

Allenamenti sulla resistenza di base, core stability, ricondizionamento generale, tecnica degli esercizi più complessi, mobilità, allungamento muscolare, pratica di sport differenti secondo le preferenze personali.

Durata 3 settimane, **1 singolo macrociclo**.

Ogni microciclo ha 5 giorni di lavoro atletico e 2 giorni di recupero.

Esempio:

10-14 maggio training – 15, 16 maggio recupero
Microciclo 1

Atleti	Giorno 1	Giorno 2	Giorno3	Giorno 4	Giorno 5
Base	Allenamento cardio in soglia aerobica 20 min Mobilità Core stability	Coordinazione intramuscolare Equilibrio	Allenamento cardio ad intervalli intesivi 1 min ad alta intensità + 2 min recupero attivo 6 serie	Sport libero a piacere	Tecnica esercizi più complessi (es. Girate Olimpiche, Snatch, Swing) Coordinazione intramuscolare
Intermedi	Allenamento cardio in soglia aerobica 30/40 min Mobilità Core stability	Coordinazione intramuscolare Equilibrio	Allenamento cardio ad intervalli intensivi 2 min ad alta intensità + 2 min recupero attivo 6/8 serie Core stability	Sport libero a piacere	Tecnica esercizi più complessi Coordinazione intramuscolare
Avanzati	Allenamento cardio in soglia aerobica 60 min Mobilità Core stability Core strenght	Coordinazione intramuscolare Equilibrio Parte alta e lavoro di volume sul core	Allenamento cardio ad intervalli intensivi 3 min ad alta intensità + 2 min recupero attivo 8 serie Core stability Core strenght	Sport libero a piacere Equilibrio	Tecnica esercizi più complessi Coordinazione intramuscolare 5/6 serie di circuito metabolico da 1.30 min

17-21 maggio training – 22-23 maggio recupero
Microciclo 2

Atleti	Giorno 1	Giorno 2	Giorno3	Giorno 4	Giorno 5
Base	Allenamento cardio in soglia aerobica 20/30 min Es. mobilità Core stability	Coordinazione intramuscolare Equilibrio	Allenamento cardio ad intervalli intensivi 2 min ad alta intensità + 2 min recupero attivo 6 serie	Sport libero a piacere	Tecnica esercizi più complessi Coordinazione intramuscolare
Intermedi	Allenamento cardio in soglia aerobica 45 min Es. mobilità Core stability	Coordinazione intramuscolare Equilibrio	Allenamento cardio ad intervalli intensivi 3 min ad alta intensità + 2 min recupero attivo 6/8 serie Core stability	Sport libero a piacere	Tecnica esercizi più complessi Coordinazione intramuscolare Core stability
Avanzati	Allenamento cardio in soglia aerobica 60/90 min Es. mobilità Core stability Core strenght	Coordinazione intramuscolare Equilibrio Parte alta Lavoro di volume sul core	Allenamento cardio ad intervalli intensivi 4 min ad alta intensità + 2 min recupero attivo 8 serie Core stability Core strenght	Sport libero a piacere Equilibrio	Coordinazione intramuscolare 5/6 serie di circuito metabolico da 1.30 min Parte alta Core stability

35

24-28 maggio training – 29-30-31 recupero
Microciclo 3

Atleti	Giorno 1	Giorno 2	Giorno3	Giorno 4	Giorno 5
Base	Allenamento cardio in soglia aerobica 30 min Es. mobilità Core stability	Coordinazione intramuscolare Equilibrio	Allenamento cardio ad intervalli intensivi 2 min ad alta intensità + 2 min recupero attivo 6 serie	Sport libero a piacere	Tecnica esercizi più complessi Coordinazione intramuscolare
Intermedi	Allenamento cardio in soglia aerobica 45/60 min Es. mobilità Core stability	Coordinazione intramuscolare Equilibrio Parte alta	Allenamento cardio ad intervalli intensivi 3 min ad alta intensità + 2 min recupero attivo 6/8 serie Core stability	Sport libero a piacere Equilibrio	Tecnica esercizi più complessi Coordinazione intramuscolare Core stability
Avanzati	Allenamento cardio in soglia aerobica 90 min Es. mobilità Core stability Core strenght	Coordinazione intramuscolare Equilibrio Parte alta Lavoro di volume sul core	Allenamento cardio ad intervalli intensivi 4 min ad alta intensità + 1 min recupero attivo 8/10 serie Core stability Core strenght	Sport libero a piacere Equilibrio Core strenght	Coordinazione intramuscolare 5/6 serie di circuito metabolico da 1.30 min Parte alta Core stability

PERIODO DI CARICO SPECIFICO

Allenamenti sulla forza, forza veloce, circuiti ad alta intensità, coordinazione intramuscolare, potenza, potenza resistente, resistenza di breve durata, miglioramento sistemi energetici, core strenght e core stability, equilibrio, lavori multifunzionali e combinati.

Durata 12 settimane. Ogni macrociclo avrà una durata di 4 settimane di carico, seguite da circa 4-5 giorni di scarico. Ogni microciclo ha 5 giorni di lavoro atletico e 2 giorni di recupero. Ovviamente questo programma atletico deve essere sinergico e integrato con gli allenamenti sugli sci. Senza tralasciare i periodi di recupero, intervallati ai carichi di lavoro e all'allenamento specifico sugli sci.

Microcicli di carico

Primo macrociclo di carico
1-4 giugno training – 5-6 giugno recupero
Microciclo 4

Atleti	Giorno 1	Giorno 2	Giorno3	Giorno 4	Giorno 5
Base	Forza esplosiva – velocità Sprint 30-60 mt Coordinazione intramuscolare	Coordinazione intramuscolare Circuiti ad alta intensità 6 serie da 1,30 min Recuperi 3 min. Core stability	Forza Squat-½ squat Core strenght	Sport libero a piacere	Lavori combinati a carico naturale Equilibrio
Intermedi	Forza esplosiva – velocità Sprint 30-60-100 mt Coordinazione intramuscolare Equilibrio	Coordinazione intramuscolare Circuiti ad alta intensità 8 serie da 1,30 min Recuperi 3 min. Core stability	Forza Squat-½ squat Core strenght	Sport libero a piacere Equilibrio	Lavori combinati Isoinerziale Equilibrio
Avanzati	Forza esplosiva – velocità Sprint 30-60-100 mt Coordinazione intramuscolare Core stability Equilibrio	Coordinazione intramuscolare Circuiti ad alta intensità 8 serie da 1,30 min Recuperi 3 min. Core stability Parte alta Asiva 12 ed esercizi specifici per la partenza	Forza Squat-½ squat Girate olimpiche Deadlift Swing Snatch Core strenght Core stability	Sport libero a piacere Equilibrio Core strenght	Lavori combinati Isoinerziale Equilibrio Core stability Core strenght

7-11 giugno training – 12-13 giugno recupero
Microciclo 5

Atleti	Giorno 1	Giorno 2	Giorno3	Giorno 4	Giorno 5
Base	Forza esplosiva – velocità Sprint in salita 15-30 mt Coordinazione intramuscolare	Coordinazione intramuscolare Circuiti ad alta intensità 6 serie da 2 min Recuperi 3 min. Core stability	Forza Squat-½ squat Core strenght	Sport libero a piacere	Lavori combinati a carico naturale Equilibrio
Intermedi	Forza esplosiva – velocità Sprint in salita 15-30 mt Coordinazione intramuscolare Equilibrio	Coordinazione intramuscolare Circuiti ad alta intensità 8 serie da 2 min Recuperi 3 min. Core stability	Forza Squat-½ squat swing Core strenght	Sport libero a piacere Equilibrio	Lavori combinati Isoinerziale Equilibrio
Avanzati	Forza esplosiva – velocità Sprint in salita 15-30 mt Coordinazione intramuscolare Core stability Doppia seduta Equilibrio	Coordinazione intramuscolare Circuiti ad alta intensità 8 serie da 2 min Recuperi 3 min. Doppia seduta Core stability Parte alta ed esercizi specifici per la partenza	Forza Squat-½ squat girate olimpiche Deadlift Swing Snatch Core strenght Core stability	Circuiti ad alta intensità + potenza resistente. 8 serie da 2 min Recuperi 3 min. Doppia seduta Parte alta	Lavori combinati Isoinerziale Equilibrio Core stability Core strenght

14-18 training – 19-20 giugno recupero
Microciclo 6

Atleti	Giorno 1	Giorno 2	Giorno3	Giorno 4	Giorno 5
Base	Forza esplosiva – velocità Coordinazione intramuscolare	Coordinazione intramuscolare Circuiti ad alta intensità 8 serie da 2 min Recuperi 3 min. Core stability	Forza Squat-½ squat Core strenght	Sport libero a piacere	Lavori combinati a carico naturale Equilibrio
Intermedi	Forza esplosiva – velocità Coordinazione intramuscolare Equilibrio	Coordinazione intramuscolare Circuiti ad alta intensità 8 serie da 2,30 min Recuperi 3 min. Core stability	Forza Squat-½ squat Deadlift Swing Core strenght	Circuiti ad alta intensità 8 serie da 2 min Recuperi 3 min.	Lavori combinati Isoinerziale Equilibrio
Avanzati	Forza esplosiva – velocità Potenza Coordinazione intramuscolare Core stability Doppia seduta Equilibrio	Coordinazione intramuscolare Circuiti ad alta intensità 8 serie da 2,30 min 4 serie da doppio giro Recuperi 3 min. Doppia seduta Core stability Parte alta ed esercizi specifici per la partenza	Forza Squat-½ squat Girate olimpiche Deadlift Swing Snatch Core strenght Core stability	Circuiti ad alta intensità + potenza resistente 8 serie da 2,30 min 4 serie da doppio giro Recuperi 3 min. Doppia seduta Parte alta	Lavori combinati Isoinerziale Equilibrio Core stability Core strenght

21-25 giugno training – 26-30 giugno recupero
Microciclo 7

Atleti	Giorno 1	Giorno 2	Giorno3	Giorno 4	Giorno 5
Base	Forza esplosiva – velocità 60 mt Coordinazione intramuscolare	Coordinazione intramuscolare Circuiti ad alta intensità 8 serie da 2,30 min Recuperi 3 min. Core stability	Forza Squat-½ squat Core strenght	Sport libero a piacere	Lavori combinati a carico naturale Equilibrio
Intermedi	Forza esplosiva – velocità 60 mt Potenza Balzi fase attiva Coordinazione intramuscolare Equilibrio	Coordinazione intramuscolare Circuiti ad alta intensità 8 serie da 3 min Recuperi 3 min. Core stability	Forza Squat-½ squat Deadlift swing Core strenght	Circuiti ad alta intensità + potenza resistente 8 serie da 2,30 min Recuperi 3 min.	Lavori combinati Isoinerziale Equilibrio
Avanzati	Forza esplosiva – velocità 60 mt Potenza Balzi fase attiva Coordinazione intramuscolare Core stability Doppia seduta Equilibrio	Coordinazione intramuscolare Circuiti ad alta intensità 8 serie da 3 min 4 serie da doppio giro Recuperi 3 min. Doppia seduta Core stability Parte alta ed esercizi specifici per la partenza	Forza Squat-½ squat girate olimpiche Deadlift Swing Snatch Core strenght Core stability	Circuiti ad alta intensità + potenza resistente 8 serie da 3 min 4 serie da doppio giro Recuperi 3 min. Doppia seduta Parte alta	Lavori combinati Isoinerziale Equilibrio Core stability Core strenght

Secondo macrociclo di carico

1-5 luglio training – 6-7 luglio recupero
Microciclo 8

Atleti	Giorno 1	Giorno 2	Giorno3	Giorno 4	Giorno 5
Base	Forza esplosiva – velocità 30-60 mt Potenza Balzi fase attiva Coordinazione intramuscolare	Coordinazione intramuscolare Circuiti ad alta intensità 8 serie da 2,30 min Recuperi 3 min. Core stability	Forza Squat-½ squat Swing Core strenght	Sport libero a piacere	Lavori combinati a carico naturale Isoinerziale Equilibrio
Intermedi	Forza esplosiva – velocità 30-60 mt Potenza Balzi fase attiva Coordinazione intramuscolare Equilibrio	Coordinazione intramuscolare Circuiti ad alta intensità 8 serie da 3 min 4 serie da doppio giro Recuperi 3 min. Core stability	Forza Squat-½ squat Deadlift Swing Core strenght	Circuiti ad alta intensità + potenza resistente 8 serie da 2,30 min Recuperi 3 min.	Lavori combinati Isoinerziale Equilibrio
Avanzati	Forza esplosiva – velocità 30-60 mt Potenza Balzi fase attiva Coordinazione intramuscolare Core stability Doppia seduta Equilibrio	Coordinazione intramuscolare Circuiti ad alta intensità 8 serie da 3 min 4 serie da doppio giro Recuperi 3 min. Doppia seduta Core stability Parte alta ed esercizi specifici per la partenza	Forza Squat-½ squat Girate olimpiche Deadlift Swing Snatch Core strenght Core stability	Circuiti ad alta intensità + potenza resistente 8 serie da 3 min 4 serie da doppio giro Recuperi 3 min. Doppia seduta Parte alta	Lavori combinati Isoinerziale Equilibrio Core stability Core strenght

41

8-12 luglio training – 13-14 luglio recupero
Microciclo 9

Atleti	Giorno 1	Giorno 2	Giorno3	Giorno 4	Giorno 5
Base	Forza esplosiva – velocità 100 mt Potenza Balzi fase attiva Coordinazione intramuscolare	Coordinazione intramuscolare Circuiti ad alta intensità 8 serie da 3 min Recuperi 3 min. Core stability	Forza Squat-½ squat swing Core strenght	Sport libero a piacere	Lavori combinati a carico naturale Isoinerziale Equilibrio
Intermedi	Forza esplosiva – velocità 100 mt Potenza Balzi fase attiva Coordinazione intramuscolare Equilibrio	Coordinazione intramuscolare Circuiti ad alta intensità 8 serie da 3 min 4 serie da doppio giro Recuperi 3 min. Core stability	Forza Squat-½ squat Deadlift Swing Snatch Core strenght Core stability	Circuiti ad alta intensità + potenza resistente 8 serie da 3 min Recuperi 3 min.	Lavori combinati Isoinerziale Equilibrio
Avanzati	Forza esplosiva – velocità 100 mt Potenza Balzi fase attiva Coordinazione intramuscolare Core stability Doppia seduta Equilibrio	Coordinazione intramuscolare Circuiti ad alta intensità 8 serie da 3 min 4 serie da triplo giro Recuperi 3 min. Doppia seduta Core stability Parte alta ed esercizi specifici per la partenza	Forza Squat-½ squat Girate olimpiche Deadlift Swing Snatch Core strenght Core stability	Circuiti ad alta intensità + potenza resistente 8 serie da 3,30 min 4 serie da doppio giro Recuperi 3 min. Doppia seduta Parte alta	Lavori combinati Isoinerziale Equilibrio Core stability Core strenght

15-19 luglio training – 20-21 luglio recupero
Microciclo 10

Atleti	Giorno 1	Giorno 2	Giorno3	Giorno 4	Giorno 5
Base	Forza esplosiva – velocità 30+30 mt Potenza Balzi fase attiva Coordinazione intramuscolare	Coordinazione intramuscolare Circuiti ad alta intensità 8 serie da 3 min Recuperi 3 min. Core stability	Forza Squat-½ squat Swing Core strenght	Circuiti ad alta intensità 6 serie da 2 min Recuperi 3 min.	Lavori combinati a carico naturale Isoinerziale Equilibrio Core stability
Intermedi	Forza esplosiva – velocità 30+30 Potenza Pliometria a contrasto Coordinazione intramuscolare Equilibrio	Coordinazione intramuscolare Circuiti ad alta intensità 8 serie da 3,30 min 4 serie da doppio giro Recuperi 3 min. Core stability	Forza Squat-½ squat Girate olimpiche Deadlift Swing Snatch Core strenght Core stability	Circuiti ad alta intensità + potenza resistente 8 serie da 3,30 min Recuperi 3 min.	Lavori combinati Isoinerziale Equilibrio Core stability
Avanzati	Forza esplosiva – velocità 30+ 30 mt Potenza Pliometria a contrasto Coordinazione intramuscolare Core stability Doppia seduta Equilibrio	Coordinazione intramuscolare Circuiti ad alta intensità 8 serie da 3,30 min 4 serie da triplo giro Recuperi 3 min. Doppia seduta Core stability Parte alta ed esercizi specifici per la partenza	Forza Squat-½ squat Girate olimpiche Deadlift Swing Snatch Core strenght Core stability	Circuiti ad alta intensità + potenza resistente 8 serie da 3,30 min 4 serie da triplo giro Recuperi 3 min. Doppia seduta Parte alta	Lavori combinati Isoinerziale Equilibrio Core stability Core strenght

22-26 luglio training – 27-31 luglio recupero
Microciclo 11

Atleti	Giorno 1	Giorno 2	Giorno3	Giorno 4	Giorno 5
Base	Forza esplosiva – velocità Sprint salita 30 mt Potenza Balzi fase attiva Coordinazione intramuscolare	Coordinazione intramuscolare Circuiti ad alta intensità 8 serie da 3 min Recuperi 3 min. Core stability	Forza Squat-½ squat swing Core strenght	Circuiti ad alta intensità 8 serie da 2 min Recuperi 3 min.	Lavori combinati a carico naturale Isoinerziale Equilibrio Core stability
Intermedi	Forza esplosiva – velocità 3 sprint salita 30 mt Potenza Pliometria a contrasto Coordinazione intramuscolare Equilibrio	Coordinazione intramuscolare Circuiti ad alta intensità 8 serie da 3,30 min 4 serie da doppio giro Recuperi 3 min. Core stability	Forza Squat-½ squat girate olimpiche Deadlift Swing Snatch Core strenght Core stability	Circuiti ad alta intensità + potenza resistente 10 serie da 3,30 min Recuperi 3 min.	Lavori combinati Isoinerziale Equilibrio Core stability
Avanzati	Forza esplosiva – velocità Sprint salita 30 mt Potenza Pliometria a contrasto Coordinazione intramuscolare Core strenght Core stability Doppia seduta Equilibrio	Coordinazione intramuscolare Circuiti ad alta intensità 8 serie da 3,30 min 4 serie da triplo giro Recuperi 3 min. Doppia seduta Core stability Core strenght Parte alta ed esercizi specifici per la partenza	Forza Squat-½ squat girate olimpiche Deadlift Swing Snatch Core strenght Core stability	Circuiti ad alta intensità + potenza resistente 10 serie da 3,30 min 4 serie da triplo giro Recuperi 3 min. Doppia seduta Parte alta	Lavori combinati Isoinerziale Equilibrio Core stability Core strenght

Terzo macrociclo di carico

2-6 agosto training – 7-8 agosto recupero
Microciclo 12

Atleti	Giorno 1	Giorno 2	Giorno3	Giorno 4	Giorno 5
Base	Forza esplosiva – velocità Sprint salita 60 mt Potenza Balzi fase attiva Coordinazione intramuscolare	Coordinazione intramuscolare Circuiti ad alta intensità 10 serie da 3 min Recuperi 3 min. Core stability	Forza Squat-½ squat Swing Core strenght	Circuiti ad alta intensità 8 serie da 3 min Recuperi 3 min.	Lavori combinati Isoinerziale Equilibrio Core stability
Intermedi	Forza esplosiva – velocità 3sprint salita 60 mt Potenza Pliometria a contrasto Coordinazione intramuscolare Equilibrio	Coordinazione intramuscolare Circuiti ad alta intensità 8 serie da 3,30 min 4 serie da triplo giro Recuperi 3 min. Core stability	Forza Squat-½ squat Girate olimpiche Deadlift Swing Snatch Core strenght Core stability	Circuiti ad alta intensità + potenza resistente 10 serie da 3,30 min 3 serie da triplo giro Recuperi 3 min.	Lavori combinati Isoinerziale Equilibrio Core stability Core strenght
Avanzati	Forza esplosiva – velocità Sprint salita 60 mt Potenza Pliometria a contrasto Coordinazione intramuscolare Core strenght Core stability Doppia seduta Equilibrio	Coordinazione intramuscolare Circuiti ad alta intensità 10 serie da 3,30 min 4 serie da triplo giro Recuperi 3 min. Doppia seduta Core stability Core strenght Parte alta ed esercizi specifici per la partenza	Forza Squat-½ squat girate olimpiche Deadlift Swing Snatch Core strenght Core stability	Circuiti ad alta intensità + potenza resistente 9 serie da 3,30 min 3 serie da triplo giro 3 serie da doppio giro 3 serie da singolo giro Recuperi 3 min. Doppia seduta Parte alta	Lavori combinati Isoinerziale Equilibrio Core stability Core strenght

45

9-13 agosto training – 14-15 agosto recupero
Microciclo 13

Atleti	Giorno 1	Giorno 2	Giorno3	Giorno 4	Giorno 5
Base	Forza esplosiva – velocità Sprint 60 mt Potenza Balzi fase attiva Coordinazione intramuscolare	Coordinazione intramuscolare Circuiti ad alta intensità 10 serie da 3 min Recuperi 3 min. Core stability	Forza Squat-½ squat swing Core strenght	Circuiti ad alta intensità 8 serie da 3 min Recuperi 3 min.	Lavori combinati Equilibrio Core stability
Intermedi	Forza esplosiva – velocità sprint 60 mt Potenza Pliometria a contrasto Coordinazione intramuscolare Equilibrio	Coordinazione intramuscolare Circuiti ad alta intensità 10 serie da 3,30 min 4 serie da triplo giro Recuperi 3 min. Core stability	Forza Squat-½ squat Girate olimpiche Deadlift Swing Snatch Core strenght Core stability	Circuiti ad alta intensità + potenza resistente 10 serie da 3,30 min 3 serie da triplo giro Recuperi 3 min.	Lavori combinati Isoinerziale Equilibrio Core stability Core strenght
Avanzati	Forza esplosiva – velocità Sprint 60 mt Potenza Pliometria a contrasto Coordinazione intramuscolare Core strenght Core stability Doppia seduta Equilibrio	Coordinazione intramuscolare Circuiti ad alta intensità 9 serie da 3,30 min 3 serie da triplo giro 3 serie da doppio giro 3 serie da singolo giro Recuperi 3 min. Doppia seduta Core stability Core strenght Parte alta ed esercizi specifici per la partenza	Forza Squat-½ squat Girate olimpiche Deadlift Swing Snatch Core strenght Core stability	Circuiti ad alta intensità + potenza resistente 9 serie da 3,30 min 3 serie da triplo giro 3 serie da doppio giro 3 serie da singolo giro Recuperi 3 min. Doppia seduta Parte alta	Lavori combinati Isoinerziale Equilibrio Core stability Core strenght

46

16-20 agosto training – 21-22 agosto recupero
Microciclo 14

Atleti	Giorno 1	Giorno 2	Giorno3	Giorno 4	Giorno 5
Base	Forza esplosiva – velocità Sprint 30 mt Potenza Balzi fase attiva Coordinazione intramuscolare	Coordinazione intramuscolare Circuiti ad alta intensità 8 serie da 2 min Recuperi 3 min. Core stability	Forza Squat-½ squat swing Core strenght	Circuiti ad alta intensità 8 serie da 2 min Recuperi 3 min.	Lavori combinati Equilibrio Core stability
Intermedi	Forza esplosiva – velocità sprint 30 mt Potenza Balzi fase attiva Coordinazione intramuscolare Equilibrio	Coordinazione intramuscolare Circuiti ad alta intensità 8 serie da 2,30 min Recuperi 3 min. Core stability	Forza Squat-½ squat Girate olimpiche Deadlift Swing Snatch Core strenght Core stability	Circuiti ad alta intensità + potenza resistente 8 serie da 2,30 min Recuperi 3 min.	Lavori combinati Equilibrio Core stability Core strenght
Avanzati	Forza esplosiva – velocità Sprint 30 mt Potenza Balzi fase attiva Coordinazione intramuscolare Core strenght Core stability Doppia seduta Equilibrio	Coordinazione intramuscolare Circuiti ad alta intensità 8 serie da 3 min Recuperi 3 min. Doppia seduta Core stability Core strenght Parte alta ed esercizi specifici per la partenza	Forza Squat-½ squat Girate olimpiche Deadlift Swing Snatch Core strenght Core stability	Circuiti ad alta intensità + potenza resistente 8 serie da 2,30 min Recuperi 3 min. Doppia seduta Parte alta	Lavori combinati Isoinerziale Equilibrio Core stability Core strenght

23-27 agosto training – 28-31 agosto recupero
Microciclo 15

Atleti	Giorno 1	Giorno 2	Giorno3	Giorno 4	Giorno 5
Base	Forza esplosiva – velocità Sprint 15-30 mt Potenza Balzi fase attiva Coordinazione intramuscolare	Coordinazione intramuscolare Circuiti ad alta intensità 8 serie da 1,30 min Recuperi 3 min. Core stability	Forza Squat-½ squat Swing Core strenght	Circuiti ad alta intensità 8 serie da 1,30 min Recuperi 3 min.	Lavori combinati Equilibrio Core stability
Intermedi	Forza esplosiva – velocità sprint 15-30 mt Potenza Balzi fase attiva Coordinazione intramuscolare Equilibrio	Coordinazione intramuscolare Circuiti ad alta intensità 8 serie da 2 min Recuperi 3 min. Core stability	Forza Squat-½ squat Girate olimpiche Deadlift Dwing Dnatch Core strenght Core stability	Circuiti ad alta intensità + potenza resistente 8 serie da 1,30 min Recuperi 3 min.	Lavori combinati Equilibrio Core stability Core strenght
Avanzati	Forza esplosiva – velocità Sprint 15-30 mt Potenza Balzi fase attiva Coordinazione intramuscolare Core strenght Core stability Doppia seduta Equilibrio	Coordinazione intramuscolare Circuiti ad alta intensità 8 serie da 2 min Recuperi 3 min. Doppia seduta Core stability Core strenght Parte alta ed esercizi specifici per la partenza	Forza Squat-½ squat Girate olimpiche Deadlift Swing Snatch Core strenght Core stability	Circuiti ad alta intensità + potenza resistente 8 serie da 1,30 min Recuperi 3 min. Doppia seduta Parte alta	Lavori combinati Isoinerziale Equilibrio Core stability Core strenght

Fase 2: periodo autunnale

Aumento degli allenamenti sulla neve.

Il lavoro atletico deve prevedere una trasformazione in vista della stagione invernale.

La forza deve essere convertita in forza specifica.

Questa capacità atletica deve essere ben integrata con gli impegni sulla neve e le logistiche dei viaggi per gli allenamenti in ghiacciaio.

In questo periodo, sommando il lavoro in pista, l'atleta deve lavorare atleticamente per la conversione della forza, nelle sue componenti specifiche, a resistenza di breve durata e potenza. Circa 10/11 settimane.

Ogni macrociclo avrà una durata di 4 settimane di carico, seguite da circa 4-5 giorni di scarico. A metà del periodo si può valutare l'inserimento di test atletici per valutare la positività del trend sulla fase di trasformazione.

Ogni microciclo ha 5 giorni di lavoro atletico/sciistico e 2 giorni di recupero. Tutto il volume della preparazione atletica deve tenere conto delle giornate di allenamento sugli sci, cosi per i giorni di recupero bisogna sfruttare anche i giorni di viaggio e gli spostamenti logistici.

Le giornate di training sono da considerarsi sia sciistiche sia atletiche. Le giornate atletiche sono ad alta intensità, con volumi minori rispetto al carico estivo. Durante le giornate sciistiche i richiami atletici sono brevi, con volumi ridotti; ma necessari durante l'autunno.

In linea di principio, tenendo conto dei raduni sci/atletici:

Primo macrociclo di trasformazione
1-4 settembre training – 5-6 settembre recupero Microciclo 16

Atleti	Giorno 1	Giorno 2	Giorno3	Giorno 4	Giorno 5
Base	Forza esplosiva – velocità Sprint 15-30 mt Potenza Balzi fase attiva Coordinazione intramuscolare	Coordinazione intramuscolare Parte alta Core stability	Richiamo di forza all'85% del carico estivo Squat-½ squat Swing Core strenght	Sci	Sci
Intermedi	Forza esplosiva – velocità sprint 15-30 mt Potenza Balzi fase attiva Coordinazione intramuscolare Equilibrio	Coordinazione intramuscolare Parte alta Core stability	Richiamo di Forza all'85% del carico Squat-½ squat Girate olimpiche Deadlift swing Snatch Core strenght Core stability	Sci Coordinazione intramuscolare	Sci Coordinazione intramuscolare
Avanzati	Forza esplosiva – velocità Sprint 15-30 mt Potenza Balzi fase attiva Coordinazione intramuscolare Core strenght Core stability	Coordinazione intramuscolare Core stability Core strenght Parte alta ed esercizi specifici per la partenza	Richiamo di Forza all'85% del carico Squat-½ squat Girate olimpiche Deadlift swing Snatch Core strenght Core STAB.	Sci Coordinazione intramuscolare Core stability	Sci Coordinazione intramuscolare Isoinerziale Core stability

7-11 settembre training – 12-13 settembre recupero
Microciclo 17

Atleti	Giorno 1	Giorno 2	Giorno3	Giorno 4	Giorno 5
Base	Forza esplosiva – velocità Sprint 15-30 mt Potenza Balzi fase attiva Coordinazione intramuscolare	Coordinazione intramuscolare Parte alta Core stability	Circuiti ad alta intensità 6 serie da 1 min rec 3 min	Sci	Sci
Intermedi	Forza esplosiva – velocità Sprint 15-30 mt Potenza Balzi fase attiva Coordinazione intramuscolare Equilibrio	Coordinazione intramuscolare Parte alta Core stability	Circuiti ad alta intensità 6 serie da 1,30 min rec 3 min Core strenght Core stability	Sci Coordinazione intramuscolare	Sci Coordinazione intramuscolare
Avanzati	Forza esplosiva – velocità Sprint 15-30 mt Potenza Balzi fase attiva Coordinazione intramuscolare Core strenght Core stability	Coordinazione intramuscolare Core stability Core strenght Parte alta ed esercizi specifici per la partenza	Circuiti ad alta intensità 8 serie da 1,30 min rec 3 min Core strenght Core stability	Sci Coordinazione intramuscolare Core stability	Sci Coordinazione intramuscolare Core stability

14-18 settembre training – 19-20 settembre recupero
Microciclo 18

Atleti	Giorno 1	Giorno 2	Giorno3	Giorno 4	Giorno 5
Base	Forza esplosiva – velocità Elastici funzionali Potenza Balzi fase attiva Coordinazione intramuscolare	Coordinazione intramuscolare Equilibrio Core stability	Richiamo di forza al 90% del carico estivo Squat-½ squat Swing Core strenght	Sci	Sci
Intermedi	Forza esplosiva – velocità Elastici funzionali Potenza Potenza Balzi fase attiva Coordinazione intramuscolare Equilibrio	Coordinazione intramuscolare Equilibrio Core stability	Richiamo di forza al 90% del carico Squat-½ squat Girate olimpiche Deadlift swing Snatch Core strenght Core stability	Sci Coordinazione intramuscolare Parte alta Core strenght	Sci Coordinazione intramuscolare Isoinerziale Core stability Mobilità
Avanzati	Forza esplosiva – velocità Elastici funzionali Potenza Potenza Balzi fase attiva Coordinazione intramuscolare Core strenght Core stability	Coordinazione intramuscolare Equilibrio Core stability Core strenght Parte alta ed esercizi specifici per la partenza	Richiamo di forza al 90% del carico Squat-½ squat Girate olimpiche Deadlift swing Snatch Core strenght Core stability	Sci Coordinazione intramuscolare Parte alta Core strenght	Sci Coordinazione intramuscolare Isoinerziale Core stability Mobilità

21-25 settembre training – 26-30 settembre recupero
Microciclo 19

Atleti	Giorno 1	Giorno 2	Giorno3	Giorno 4	Giorno 5
Base	Forza esplosiva – velocità Elastici funzionali Potenza Balzi fase attiva Coordinazione intramuscolare	Coordinazione intramuscolare Equilibrio Core stability	Lavori combinati Core strenght	Sci	Sci
Intermedi	Forza esplosiva – velocità Elastici funzionali Potenza Potenza Balzi fase attiva Coordinazione intramuscolare Equilibrio	Coordinazione intramuscolare Equilibrio Core stability	Lavori combinati Core strenght Core stability	Sci Coordinazione intramuscolare Equilibrio Core strenght	Sci Coordinazione intramuscolare Core stability Mobilità
Avanzati	Forza esplosiva – velocità Elastici funzionali Potenza Potenza Balzi fase attiva Coordinazione intramuscolare Core strenght Core stability	Coordinazione intramuscolare Equilibrio Core stability Core strenght Parte alta ed esercizi specifici per la partenza	Lavori combinati Core strenght Core stability	Sci Coordinazione intramuscolare Equilibrio Core strenght	Sci Coordinazione intramuscolare Core stability Mobilità

Secondo macrociclo di trasformazione

1-5 ottobre training – 6-7 ottobre recupero Microciclo 20

Atleti	Giorno 1	Giorno 2	Giorno3	Giorno 4	Giorno 5
Base	Forza esplosiva – velocità Elastici funzionali Potenza Balzi fase attiva Coordinazione intramuscolare	Coordinazione intramuscolare Equilibrio Core stability	Lavori combinati Core strenght	Sci	Sci
Intermedi	Forza esplosiva – velocità Elastici funzionali Potenza Potenza Balzi fase attiva Coordinazione intramuscolare Equilibrio	Coordinazione intramuscolare Equilibrio Core stability	Lavori combinati Core strenght Core stability	Sci Coordinazione intramuscolare Equilibrio Core strenght	Sci Coordinazione intramuscolare Isoinerziale Core stability Mobilità
Avanzati	Forza esplosiva – velocità Elastici funzionali Potenza Potenza Balzi fase attiva Coordinazione intramuscolare Core strenght Core stability	Coordinazione intramuscolare Equilibrio Core stability Core strenght Parte alta ed esercizi specifici per la partenza	Sci Lavori combinati Core strenght Core stability	Sci Coordinazione intramuscolare Equilibrio Core strenght	Sci Coordinazione intramuscolare Core stability Mobilità

8-12 ottobre training – 13-14 ottobre recupero
Microciclo 21

Atleti	Giorno 1	Giorno 2	Giorno3	Giorno 4	Giorno 5
Base	Forza esplosiva – velocità Elastici funzionali Potenza Balzi fase attiva Coordinazione intramuscolare	Coordinazione intramuscolare Equilibrio Core stability	Isoinerziale Core strenght	Sci	Sci
Intermedi	Forza esplosiva – velocità Elastici funzionali Potenza Potenza Balzi fase attiva Coordinazione intramuscolare Equilibrio	Coordinazione intramuscolare Equilibrio Core stability	Lavori combinati Isoinerziale Core strenght Core stability	Sci Coordinazione intramuscolare Equilibrio Core strenght	Sci Coordinazione intramuscolare Isoinerziale Core stability Mobilità
Avanzati	Forza esplosiva – velocità Elastici funzionali Potenza Potenza Balzi fase attiva Coordinazione intramuscolare Core strenght Core stability	Coordinazione intramuscolare Richiamo di forza 85% del carico estivo Squat-½ squat Girate olimpiche Deadlift swing Snatch Core stability Core strenght	Sci Lavori combinati Core strenght Core stability	Sci Coordinazione intramuscolare Equilibrio Core strenght Parte alta ed esercizi specifici per la partenza	Sci Coordinazione intramuscolare Isononerziale Core stability Mobilità

55

15-19 ottobre training – 20-21 ottobre recupero
Microciclo 22

Atleti	Giorno 1	Giorno 2	Giorno3	Giorno 4	Giorno 5
Base	Richiamo di forza al 75% del carico estivo Balzi fase attiva Coordinazione intramuscolare	Coordinazione intramuscolare Equilibrio Core stability	Isoinerziale Core strenght	Sci	Sci
Intermedi	Forza esplosiva – velocità Elastici funzionali Potenza Potenza Balzi fase attiva Coordinazione intramuscolare Equilibrio	Coordinazione intramuscolare Equilibrio Core stability	Lavori combinati Isoinerziale Core strenght Core stability	Sci Coordinazione intramuscolare Equilibrio Core strenght	Sci Coordinazione intramuscolare Isoinerziale Core stability Mobilità
Avanzati	Forza esplosiva – velocità Elastici funzionali Potenza Potenza Balzi fase attiva Coordinazione intramuscolare Core strenght Core stability	Coordinazione intramuscolare Richiamo di forza 85% del carico estivo Squat-½ squat Girate olimpiche Deadlift swing Snatch Core stability Core strenght	Sci Isononerziale Core strenght Core stability	Sci Coordinazione intramuscolare Equilibrio Core strenght Parte alta ed esercizi specifici per la partenza	Sci Coordinazione intramuscolare Core stability Mobilità

Atleti	Giorno 1	Giorno 2	Giorno3	Giorno 4	Giorno 5
Base	Forza esplosiva – velocità Elastici funzionali Potenza Balzi fase attiva Coordinazione intramuscolare	Coordinazione intramuscolare Equilibrio Core stability	Isoinerziale Core strenght	Sci	Sci
Intermedi	Forza esplosiva – velocità Elastici funzionali Potenza Potenza Balzi fase attiva Coordinazione intramuscolare Equilibrio	Coordinazione intramuscolare Equilibrio Core stability	Lavori combinati Isoinerziale Core strenght Core stability	Sci Coordinazione intramuscolare Equilibrio Core strenght	Sci Coordinazione intramuscolare Isoinerziale Core stability Mobilità
Avanzati	Forza esplosiva – velocità Elastici funzionali Potenza Potenza Balzi fase attiva Coordinazione intramuscolare Core strenght Core stability	Coordinazione intramuscolare Circuito metabolico 6 serie da 1 min rec 2,30 min Core stability Core strenght	Sci Coordinazione intramuscolare Core strenght Core stability	Sci Coordinazione intramuscolare Equilibrio Core strenght Parte alta ed esercizi specifici per la partenza	Sci Coordinazione intramuscolare Core stability Mobilità

Terzo Macrociclo di trasformazione

1-5 novembre training – 6-7 novembre recupero Microciclo 24

Atleti	Giorno 1	Giorno 2	Giorno3	Giorno 4	Giorno 5
Base	Forza esplosiva – velocità Elastici funzionali Potenza Balzi fase attiva Coordinazione intramuscolare	Coordinazione intramuscolare Equilibrio Core stability	Isoinerziale Core strenght	Sci	Sci
Intermedi	Forza esplosiva – velocità Elastici funzionali Potenza Potenza Balzi fase attiva Coordinazione intramuscolare Equilibrio	Coordinazione intramuscolare Isoinerziale Equilibrio Core stability	Sci Core strenght Core stability	Sci Coordinazione intramuscolare Equilibrio Core strenght	Sci Coordinazione intramuscolare Isoinerziale Core stability Mobilità
Avanzati	Forza esplosiva – velocità Elastici funzionali Potenza Potenza Balzi fase attiva Coordinazione intramuscolare Core strenght Core stability	Sci Isoinerziale Coordinazione intramuscolare Core stability Core strenght	Sci Coordinazione intramuscolare Core strenght Core stability	Sci Coordinazione intramuscolare Equilibrio Core strenght Parte alta ed esercizi specifici per la partenza	Sci Coordinazione intramuscolare Core stability Mobilità

8-12 novembre training – 13-14 novembre recupero
Microciclo 25

Atleti	Giorno 1	Giorno 2	Giorno3	Giorno 4	Giorno 5
Base	Forza esplosiva – velocità Elastici funzionali Potenza Balzi fase attiva Coordinazione intramuscolare	Coordinazione intramuscolare Equilibrio Core stability	Isoinerziale Core strenght	Sci	Sci
Intermedi	Forza esplosiva – velocità Elastici funzionali Potenza Potenza Balzi fase attiva Coordinazione intramuscolare Equilibrio	Coordinazione intramuscolare Isoinerziale Equilibrio Core stability	Sci Core strenght Core stability	Sci Coordinazione intramuscolare Equilibrio Core strenght	Sci Coordinazione intramuscolare Isoinerziale Core stability Mobilità
Avanzati	Forza esplosiva – velocità Elastici funzionali Potenza Potenza Balzi fase attiva Coordinazione intramuscolare Core strenght Core stability	Sci Richiamo di forza 85% del carico estivo ½ squat Swing Girata olimpica Coordinazione intramuscolare Core stability Core strenght	Sci Coordinazione intramuscolare Core strenght Core stability	Sci Coordinazione intramuscolare Equilibrio Core strenght Parte alta ed esercizi specifici per la partenza	Sci Coordinazione intramuscolare Core stability Mobilità

Atleti	Giorno 1	Giorno 2	Giorno3	Giorno 4	Giorno 5
Base	Forza esplosiva – velocità Elastici funzionali Potenza Balzi fase attiva Coordinazione intramuscolare	Coordinazione intramuscolare Equilibrio Core stability	Isoinerziale Core strenght	Sci	Sci
Intermedi	Forza esplosiva – velocità Elastici funzionali Potenza Potenza Balzi fase attiva Coordinazione intramuscolare Equilibrio	Coordinazione intramuscolare Richiamo di forza 85% del carico estivo ½ squat Swing Snatch Equilibrio Core stability	Sci Core strenght Core stability	Sci Coordinazione intramuscolare Equilibrio Core strenght	Sci Coordinazione intramuscolare Isoinerziale Core stability Mobilità
Avanzati	Forza esplosiva – velocità Elastici funzionali Potenza Potenza Balzi fase attiva Coordinazione intramuscolare Core strenght Core stability	Sci Lavori combinati Coordinazione intramuscolare Core stability Core strenght	Sci Coordinazione intramuscolare Core strenght Core stability	Sci Coordinazione intramuscolare Equilibrio Isoinerziale Core strenght	Sci Coordinazione intramuscolare Core stability Parte alta ed esercizi specifici per la partenza

A questo punto per molti sciatori agonisti e professionisti incominciano le gare vere e proprie (esclusi gli sciatori di Coppa del mondo, che già a ottobre hanno incominciato il periodo di gare con l'apertura della stagione a Solden, in Austria, sulla mitica pista del Rettenback). Anche molti amatori, appassionati che sciano in alcune stazioni sciistiche che aprono a novembre, incominciano la loro stagione sciistica.

FASE 3. Periodo invernale-stagione agonistica

Lo abbiamo già detto in precedenza ma è utile rimarcarlo: questo periodo corrisponde al periodo di gare o di sci per gli amatori.

In questo momento la maggior parte del training si svolge sulla neve e la concentrazione dell'impegno agonistico va gestita al meglio anche dal punto di vista atletico.

Con una particolare attenzione da dedicare alle/alla giornata/giornate pre race. È necessario mantenere i livelli di forza e continuare a fare richiami sulla forza specifica.

Il tutto integrato con i grossi impegni di allenamento e gare sulla neve. In questa fase la potenza e la forza devono essere monitorate per non incappare in cali di forma e stanchezza muscolare.

Ovviamente il programma atletico dovrà adeguarsi e combaciare con le date delle gare, i weekend e le vacanze dove la maggior parte degli sciatori ha la possibilità di stare sulla neve (un discorso diverso vale per i professionisti).

Spesso i giorni di recupero settimanali dal punto di vista atletico e sciistico possono combaciare con i trasferimenti da/per le giornate di gare sulla neve.

Primo Macrociclo – Periodo invernale/ stagione agonistica

24-28 novembre training – 29-30 novembre recupero
Microciclo 27

Atleti	Giorno 1	Giorno 2	Giorno3	Giorno 4	Giorno 5
Base	Forza esplosiva – velocità Core stability	Coordinazione intramuscolare Equilibrio Core stability	Isoinerziale Core strenght	Sci	Sci
Intermedi	Coordinazione intramuscolare Elastici funzionali Potenza Potenza Balzi fase attiva Coordinazione intramuscolare Core stability	Coordinazione intramuscolare Forza esplosiva – velocità Equilibrio Core stability	Sci Core strenght Core stability	Sci Coordinazione intramuscolare Equilibrio Core strenght	Sci Coordinazione intramuscolare Parte alta Core stability Mobilità
Avanzati	Forza esplosiva – velocità Elastici funzionali Potenza Potenza Balzi fase attiva Coordinazione intramuscolare Core strenght Core stability	Sci Lavori combinati Maggiore intensità Minori volumi Parte alta Core stability Core strenght	Sci Coordinazione intramuscolare Core strenght Core stability	Sci Coordinazione intramuscolare Equilibrio Isoinerziale Core strenght	Sci Coordinazione intramuscolare Core stability Parte alta ed esercizi specifici per la partenza

1-5 dicembre training – 6-7 dicembre recupero
Microciclo 28

Atleti	Giorno 1	Giorno 2	Giorno3	Giorno 4	Giorno 5
Base	Potenza – lanci Core stability	Coordinazione intramuscolare Equilibrio Core stability	Isoinerziale Core strenght	Sci	Sci
	Coordinazione intramuscolare	.			
Intermedi	Elastici funzionali Potenza Potenza – lanci Coordinazione intramuscolare Core stability	Coordinazione intramuscolare Forza esplosiva – velocità Equilibrio Core stability	Sci Core strenght Core stability	Sci Coordinazione intramuscolare Equilibrio Core strenght	Sci Coordinazione intramuscolare Parte alta Core stability Mobilità
Avanzati	Sci Elastici funzionali Potenza Potenza – lanci Coordinazione intramuscolare Core strenght Core stability	Sci Lavori combinati Maggiore intensità Minori volumi Parte alta Core stability Core strenght	Sci Coordinazione intramuscolare Core strenght Core stability	Sci Coordinazione intramuscolare Equilibrio Isoinerziale Core strenght	Sci Coordinazione intramuscolare Core stability Parte alta ed esercizi specifici per la partenza

8-12 dicembre training – 13-17 dicembre recupero
Microciclo 29

Atleti	Giorno 1	Giorno 2	Giorno3	Giorno 4	Giorno 5
Base	Potenza – lanci	Coordina-zione intramuscolare	Coordina-zione intramuscolare	Sci	Sci
	Core stability Coordinazione intramuscolare	Circuiti metabolici 6 serie da 1 min Rec 3 min Core stability	Core strenght		
Intermedi	Elastici funzionali Potenza Potenza – lanci Coordinazione intramuscolare Core stability	Coordinazione intramuscolare Circuiti metabolici 6 serie da 1,30 min Rec 3 min Equilibrio Core stability	Sci Isoinerziale Core strenght Core stability	Sci Coordinazione intramuscolare Equilibrio Core strenght	Sci Coordinazione intramuscolare Parte alta Core stability Mobilità
Avanzati	Sci Elastici funzionali Potenza Potenza – lanci Coordinazione intramuscolare Core strenght Core stability	Sci Circuiti metabolici 6 serie da 1,30 min Rec 3 min Parte alta Core stability Core strenght	Sci Coordinazione intramuscolare Core strenght Core stability	Sci Coordinazione intramuscolare Equilibrio Isoinerziale Core strenght	Sci Coordinazione intramuscolare Core stability Parte alta ed esercizi specifici per la partenza

18-24 dicembre training – 25-26 dicembre recupero (variano i giorni di training anche per farli coincidere con le vacanze natalizie, momento in cui gli sci club e gli amatori hanno la possibilità di allenarsi con continuità. Discorso a parte per i professionisti)
Microciclo 30

Atleti	Giorno 1	Giorno 2	Giorno3	Giorno 4	Giorno 5
Base	Sci Core stability	Sci Coordinazione intramuscolare	Sci Core strenght	Sci Mobilità	Sci Equilibrio
Intermedi	Sci Elastici funzionali Potenza Coordinazione intramuscolare Core stability	Sci Coordinazione intramuscolare Equilibrio Core stability	Sci Parte alta Core strenght Core stability	Sci Leggero lavoro aerobico 20 min Equilibrio Core strenght	Sci Coordinazione intramuscolare Core stability Mobilità
Avanzati	Sci Elastici funzionali Potenza Potenza – lanci Coordinazione intramuscolare Core strenght Core stability	Sci Richiamo di forza Al 75% del carico estivo ½ squat Girate olimpiche Swing Parte alta Core stability Core strenght	Sci Coordinazione intramuscolare Core strenght Core stability	Sci Coordinazione intramuscolare Equilibrio Isoinerziale Core strenght	Sci Leggero lavoro aerobico 20 min Core stability Parte alta ed esercizi specifici per la partenza

Secondo Macrociclo – Periodo invernale/stagione agonistica

27-31 dicembre training – 1-2 gennaio recupero
Microciclo 31

Atleti	Giorno 1	Giorno 2	Giorno3	Giorno 4	Giorno 5
Base	Sci Core stability	Sci Coordinazione intramuscolare	Sci Core strenght	Sci Mobilità	Sci Equilibrio
Intermedi	Sci Elastici funzionali Potenza Coordinazione intramuscolare Core stability	Sci Coordinazione intramuscolare Equilibrio Core stability	Sci Parte alta Core strenght Core stability	Sci Circuiti metabolici 6 serie da 1 min Rec 2,30 min Equilibrio Core strenght	Sci Coordinazione intramuscolare Core stability Mobilità
Avanzati	Sci Elastici funzionali Potenza Potenza – lanci Coordinazione intramuscolare Core strenght Core stability	Sci Isoinerziale Parte alta Core stability Core strenght	Sci Circuiti metabolici 6 serie da 1,30 min Rec 2,30 min Core strenght Core stability	Sci Coordinazione intramuscolare Equilibrio Isoinerziale Core strenght	Sci Core stability Parte alta ed esercizi specifici per la partenza Mobilità

3-8 gennaio training – 9-10 gennaio recupero
Microciclo 32

Atleti	Giorno 1	Giorno 2	Giorno3	Giorno 4	Giorno 5
Base	Sci Core stability	Sci Coordinazione intramuscolare	Sci Isoinerziale Core strenght	Sci Core stability	Sci Equilibrio
Intermedi	Sci Elastici funzionali Potenza Coordinazione intramuscolare Core stability	Sci Coordinazione intramuscolare Equilibrio Core stability	Sci Equilibrio Parte alta Core stability	Sci Circuiti metabolici 6 serie da 1 min Rec 2,30 min Core strenght	Sci Coordinazione intramuscolare Core stability Mobilità
Avanzati	Sci Elastici funzionali Potenza Coordinazione intramuscolare Core strenght Core stability	Sci Richiamo di forza Al 85% del carico estivo ½ squat Deadlift Snatch Core stability Core strenght	Sci Coordinazione intramuscolare Parte alta Core strenght	Sci Coordinazione intramuscolare Equilibrio Lavori combinati Core strenght	Sci Leggero lavoro aerobico 20 min Core stability Parte alta ed esercizi specifici per la partenza

11-16 gennaio training – 17-18 gennaio recupero
Microciclo 33

Atleti	Giorno 1	Giorno 2	Giorno3	Giorno 4	Giorno 5
Base	Richiamo di forza Con il 75% del carico estivo Core stability	Coordinazione intramuscolare	Core strenght	Sci Mobilità	Sci Equilibrio
Intermedi	Elastici funzionali Potenza Coordinazione intramuscolare Core stability	Coordinazione intramuscolare Richiamo di forza Al 85% del carico estivo ½ squat Deadlift swing Core stability	Sci Parte alta Core strenght Core stability	Sci Circuiti metabolici 6 serie da 1 min Rec 2,30 min Equilibrio Core strenght	Sci Coordinazione intramuscolare Core stability Mobilità
Avanzati	Sci Elastici funzionali Potenza Pliometria a contrasto Coordinazione intramuscolare Core strenght Core stability	Sci Isoinerziale Equilibrio Parte alta Core stability Core strenght	Sci Circuiti metabolici 6 serie da 1 min Rec 2,30 min Core strenght Core stability	Sci Coordinazione intramuscolare Equilibrio Isoinerziale Core strenght	Sci Core stability Parte alta ed esercizi specifici per la partenza Mobilità

19-23 gennaio training – 24-27 gennaio recupero
Microciclo 34

Atleti	Giorno 1	Giorno 2	Giorno3	Giorno 4	Giorno 5
Base	Forza esplosiva – velocità Elastici funzionali Potenza Balzi fase attiva Core stability	Coordinazione intramuscolare Parte alta	Equilibrio Core strenght Circuiti metabolici 6 serie da 1 min Rec 2,30 min	Sci Mobilità	Sci
Intermedi	Forza esplosiva – velocità Elastici funzionali Potenza Balzi fase attiva Coordinazione intramuscolare Core stability	Coordinazione intramuscolare Isoinerziale Core stability	Sci Parte alta Core strenght Core stability	Sci Circuiti metabolici 6 serie da 1 min Rec 2,30 min Equilibrio Core strenght	Sci Coordinazione intramuscolare Core stability Mobilità
Avanzati	Sci Forza esplosiva – velocità Pliometria a contrasto Coordinazione intramuscolare Core strenght Core stability	Sci Elastici funzionali Potenza Balzi fase attiva Equilibrio Parte alta Core stability Core strenght	Sci Isoinerziale Core strenght Core stability	Sci Coordinazione intramuscolare Equilibrio Core strenght	Sci Core stability Parte alta ed esercizi specifici per la partenza mobilità

Si tiene conto dei weekend e della settimana

28 gennaio-1 febbraio training – 2-3 febbraio recupero
Microciclo 35

Atleti	Giorno 1	Giorno 2	Giorno3	Giorno 4	Giorno 5
Base	Forza esplosiva – velocità Elastici funzionali Potenza Balzi fase attiva Core stability	Coordinazione intramuscolare Isoinerziale	Equilibrio Core strenght Parte alta	Sci Mobilità	Sci
Intermedi	Forza esplosiva – velocità Elastici funzionali Potenza Balzi fase attiva Coordinazione intramuscolare Core stability	Coordinazione intramuscolare Richiamo di forza All'85% del carico estivo ½ squat Deadlift Swing Core strenght	Sci Parte alta Core strenght Core stability	Sci Leggero lavoro aerobico 20 min Equilibrio Core strenght	Sci Coordinazione intramuscolare Core stability Mobilità
Avanzati	Sci Forza esplosiva – velocità Pliometria a contrasto Coordinazione intramuscolare Core strenght Core stability	Sci Elastici funzionali Potenza Balzi fase attiva Equilibrio Parte alta Core stability Core strenght	Sci Richiamo di forza All'90% del carico estivo ½ squat Snatch Swing Core strenght Core stability	Sci Coordinazione intramuscolare Equilibrio Core strenght	Sci Core stability Parte alta ed esercizi specifici per la partenza Leggero lavoro aerobico 20 min

4-8 febbraio training – 9-10 febbraio recupero
Microciclo 36

Atleti	Giorno 1	Giorno 2	Giorno3	Giorno 4	Giorno 5
Base	Leggero lavoro aerobico 30 min Core stability	Coordinazione intramuscolare Elastici funzionali Potenza	Equilibrio Core strenght Parte alta	Sci Mobilità	Sci
		Balzi fase attiva			
Intermedi	Forza esplosiva – velocità Elastici funzionali Potenza Balzi fase attiva	Coordinazione intramuscolare Isoinerziale Core strenght	Sci Parte alta ed esercizi specifici per la partenza Core strenght Core stability	Sci Equilibrio Core strenght	Sci Coordinazione intramuscolare Core stability Mobilità
	Coordinazione intramuscolare				
	Core stability				
Avanzati	Sci	Sci	Sci	Sci	Sci
	Forza esplosiva – velocità Pliometria a contrasto Coordinazione intramuscolare Core strenght Core stability	Richiamo di forza Al 85% del carico estivo ½ squat Deadlift Swing Core stability Core strenght	Core strenght Core stability Parte alta	Coordinazione intramuscolare Lavori combinati Core strenght	Core stability Parte alta ed esercizi specifici per la partenza Isoinerziale

71

11-16 febbraio training – 17-18 febbraio recupero
Microciclo 37

Atleti	Giorno 1	Giorno 2	Giorno3	Giorno 4	Giorno 5
Base	Sci	Sci	Sci	Sci	Sci
	Elastici funzionali Potenza Core stability	Coordinazione intramuscolare Balzi fase attiva	Equilibrio Core strenght Parte alta	Leggero lavoro aerobico 20 min	Mobilità
Intermedi	Sci	Sci	Sci	Sci	Sci
	Forza esplosiva – velocità Elastici funzionali Potenza Coordinazione intramuscolare Core stability	Coordinazione intramuscolare Parte alta ed esercizi specifici per la partenza Core strenght	Richiamo di forza all'85% del carico estivo ½ squat Swing Core strenght Core stability	Equilibrio Core strenght	Coordinazione intramuscolare Leggero lavoro aerobico 20 min Core stability
Avanzati	Sci	Sci	Sci	Sci	Sci
	Forza esplosiva – velocità Pliometria a contrasto Coordinazione intramuscolare Core strenght Core stability	Isoinerziale Parte alta Core stability	Leggero lavoro aerobico 30 min Core strenght Core stability	Coordinazione intramuscolare Lavori combinati Core strenght	Core stability Parte alta ed esercizi specifici per la partenza Isoinerziale

19-23 febbraio training – 24-25 recupero
Microciclo 38

Atleti	Giorno 1	Giorno 2	Giorno3	Giorno 4	Giorno 5
Base				Sci	Sci
	Elastici funzionali Potenza\n\nCore stability	Coordinazione intramuscolare\n\nBalzi fase attiva	Equilibrio\n\nCore strenght\n\nParte alta	Leggero lavoro aerobico 20 min	Mobilità
Intermedi	Sci	Sci	Sci	Sci	Sci
	Richiamo di forza Al 75% del carico estivo ½ squat Deadlift Swing\n\nCore stability Core strenght	Coordinazione intramuscolare\n\nParte alta ed esercizi specifici per la partenza\n\nCore strenght	Circuiti metabolici 6 serie da 1,30 min, recupero 2 min\n\nCore strenght\n\nCore stability	Equilibrio\n\nCore strenght	Coordinazione intramuscolare\n\nLeggero lavoro aerobico 20 min\n\nCore stability
Avanzati	Sci	Sci	Sci	Sci	Sci
	Forza esplosiva – velocità\n\nBalzi fase attiva\n\nCoordinazione intramuscolare\n\nCore strenght Core stability	Richiamo di forza All'85% del carico estivo ½ squat Deadlift Girate olimpiche\n\nCore stability Core strenght	Circuiti metabolici 6 serie da 1,30 min, recupero 2 min\n\nCore strenght Core stability	Coordinazione intramuscolare\n\nLavori combinati\n\nCore strenght	Core stability\n\nParte alta ed esercizi specifici per la partenza\n\nEquilibrio

26-28 febbraio training
Microciclo 39

Atleti	Giorno 1	Giorno 2	Giorno3
Base	Coordinazione intramuscolare Parte alta Core stability	Sci Circuiti metabolici 6 serie da 1 min, recupero 2 min Coordinazione intramuscolare	Sci Equilibrio Core strenght Parte alta
Intermedi	Sci Forza esplosiva – velocità Coordinazione intramuscolare Core strenght	Sci Coordinazione intramuscolare Equilibrio Core strenght	Sci Isoinerziale Core strenght Core stability
Avanzati	Sci Forza esplosiva – velocità Pliometria a contrasto Coordinazione intramuscolare Core strenght Core stability	Sci Circuiti metabolici 6 serie da 1 min, recupero 2 min Coordinazione intramuscolare Core strenght Core stability	Sci Parte alta ed esercizi specificii per la partenza Equilibrio Core strenght Core stability

Quarto macrociclo – Periodo invernale/ stagione agonistica

1-2 marzo recupero – 3-6 marzo training
Microciclo 40

Atleti	Giorno 1	Giorno 2	Giorno3	Giorno 4	Giorno 5
Base	Circuiti metabolici 6 serie da 1,30 min, recupero 2 min	Coordinazione intramuscolare	Equilibrio Core strenght	Sci Leggero lavoro aerobico 20 min	Sci Mobilità
	Core stability	Balzi fase attiva Elastici funzionali	Parte alta		
Intermedi	Forza esplosiva – velocità Balzi fase attiva Coordinazione intramuscolare Core strenght Core stability	Coordinazione intramuscolare Isoinerziale Core strenght	Sci Parte alta ed esercizi specifici per la partenza Core strenght Core stability	Sci Equilibrio Core strenght	Sci Coordinazione intramuscolare Leggero lavoro aerobico 20 min Core stability
Avanzati	Richiamo di forza Al 85% del carico estivo ½ squat Deadlift Girate olimpiche Core stability Core strenght	Sci Forza esplosiva – velocità Balzi fase attiva Coordinazione intramuscolare Core strenght Core stability	Sci Leggero lavoro aerobico 20 min Core strenght Core stability	Sci Coordinazione intramuscolare Lavori combinati Core strenght	Sci Core stability Parte alta ed esercizi specifici per la partenza Equilibrio

7-8 marzo recupero – 9-13 marzo training
Microciclo 41

Atleti	Giorno 1	Giorno 2	Giorno3	Giorno 4	Giorno 5
Base	Forza esplosiva – velocità Elastici funzionali Potenza Core stability	Coordinazione intramuscolare Richiamo di forza Al 75% del carico estivo ½ squat Swing	Equilibrio Core strenght Parte alta	Sci Coordinazione intramuscolare	Sci Mobilità
Intermedi	Forza esplosiva – velocità Balzi fase attiva Coordinazione intramuscolare Core strenght Core stability	Coordinazione intramuscolare Parte alta ed esercizi specifici per la partenza Core strenght	Sci Circuiti metabolici 6 serie da 1,30 min, recupero 2 min Core strenght Core stability	Sci Coordinazione intramuscolare Lavori combinati Core strenght	Sci Coordinazione intramuscolare Leggero lavoro aerobico 20 min Core stability
Avanzati	Sci Forza esplosiva – velocità Balzi fase attiva Coordinazione intramuscolare Core strenght Core stability	Sci Richiamo di forza All'85% del carico estivo ½ squat Swing Snatch Core stability Core strenght	Sci Circuiti metabolici 6 serie da 1,30 min, recupero 2 min Core strenght Core stability	Sci Coordinazione intramuscolare Isoinerziale Core strenght	Sci Core stability Lavori combinati Equilibrio

14-15 marzo recupero – 16-20 marzo training
Microciclo 42

Atleti	Giorno 1	Giorno 2	Giorno3	Giorno 4	Giorno 5
Base	Balzi fase attiva Elastici funzionali Potenza Core stability	Coordinazione intramuscolare Isoinerziale	Equilibrio Core strenght Parte alta	Sci Coordinazione intramuscolare	Sci Mobilità
Intermedi	Forza esplosiva – velocità Pliometria Coordinazione intramuscolare Core strenght Core stability	Coordinazione intramuscolare Parte alta ed esercizi specifici per la partenza Core strenght	Sci Circuiti metabolici 6 serie da 1,30 min, recupero 2 min Core strenght Core stability	Sci Coordinazione intramuscolare Lavori combinati Core strenght	Sci Coordinazione intramuscolare Leggero lavoro aerobico 20 min Core stability
Avanzati	Sci Forza esplosiva – velocità Balzi fase attiva Coordinazione intramuscolare Core strenght Core stability	Sci Isoinerziale Core stability Core strenght	Sci Leggero lavoro aerobico 20 min Core strenght Core stability	Sci Coordinazione intramuscolare Parte alta Core strenght	Sci Core stability Lavori combinati Equilibrio

77

21-22 marzo recupero – 23-27 marzo training – 29-30 marzo recupero

Microciclo 43

18,254 mm	Giorno 1	Giorno 2	Giorno3	Giorno 4	Giorno 5
Base	Forza esplosiva – velocità Elastici funzionali Potenza Core stability	Coordinazione intramuscolare Richiamo di forza Al 75% del carico estivo ½ squat Swing	Equilibrio Core strenght Parte alta	Sci Coordinazione intramuscolare	Sci Mobilità
Intermedi	Forza esplosiva – velocità Balzi fase attiva Coordinazione intramuscolare Core strenght Core stability	Richiamo di forza all'85% del carico estivo ½ squat Swing Snatch Core stability Core strenght	Sci Circuiti metabolici 6 serie da 1,30 min, recupero 2 min Core strenght Core stability	Sci Coordinazione intramuscolare Lavori combinati Core strenght	Sci Coordinazione intramuscolare Leggero lavoro aerobico 20 min Core stability
Avanzati	Sci Forza esplosiva – velocità Elastici funzionali Potenza Coordinazione intramuscolare Core strenght Core stability	Sci Richiamo di forza all'85% del carico estivo ½ squat Girate olimpiche Snatch Core stability Core strenght	Sci Leggero lavoro aerobico 20 min Core strenght Core stability	Sci Coordinazione intramuscolare Isoinerziale Core strenght	Sci Core stability Parte alta + esercizi specifici per la partenza Equilibrio

Quinto Macrociclo – Periodo invernale/ stagione agonistica

1-6 aprile training – 7-8 aprile recupero
Microciclo 44

Atleti	Giorno 1	Giorno 2	Giorno3	Giorno 4	Giorno 5
Base	Velocità Elastici funzionali Potenza Core stability	Coordinazione intramuscolare Isoinerziale Core stability	Sci Equilibrio Core strenght Parte alta	Sci Coordinazione intramuscolare	Sci Mobilità
Intermedi	Sci Forza esplosiva – velocità Balzi fase attiva Coordinazione intramuscolare Core strenght Core stability	Sci Isoinerziale Core stability Core strenght	Sci Equilibrio Parte alta Core strenght Core stability	Sci Coordinazione intramuscolare Circuiti metabolici 6 serie da 1 min, recupero 2 min Core strenght	Sci Coordinazione intramuscolare Lavori combinati Core stability
Avanzati	Sci Forza esplosiva – velocità Elastici funzionali Potenza Coordinazione intramuscolare Core strenght Core stability	Sci Isoinerziale Core stability Core strenght	Sci Equilibrio Core strenght Core stability	Sci Coordinazione intramuscolare Lavori combinati Core strenght	Sci Core stability Leggero lavoro aerobico 20 min Parte alta + esercizi specifici per la partenza

79

9-13 aprile training – 14-15 aprile recupero
Microciclo 45

Atleti	Giorno 1	Giorno 2	Giorno3	Giorno 4	Giorno 5
Base	Forza esplosiva – velocità Elastici funzionali Potenza Core stability	Coordinazione intramuscolare Richiamo di forza Al 75% del carico estivo ½ squat Swing	Circuiti metabolici 6 serie da 1,30 min, recupero 2 min Core strenght Parte alta	Sci Coordinazione intramuscolare	Sci Mobilità
Intermedi	Forza esplosiva – velocità Balzi fase attiva Coordinazione intramuscolare Core strenght Core stability	Richiamo di forza Al 85% del carico estivo ½ squat Swing Snatch Core stability Core strenght	Sci Leggero lavoro aerobico 20 min Core strenght Core stability	Sci Coordinazione intramuscolare Lavori combinati Core strenght	Sci Coordinazione intramuscolare Leggero lavoro aerobico 20 min Core stability
Avanzati	Sci Forza esplosiva – velocità Elastici funzionali Potenza Coordinazione intramuscolare Core strenght Core stability	Sci Richiamo di forza all'85% del carico estivo ½ squat Girate olimpiche Snatch Core stability Core strenght	Sci Circuiti metabolici 6 serie da 1,30 min, recupero 2 min Core strenght Core stability	Sci Coordinazione intramuscolare Lavori combinati Core strenght	Sci Core stability Parte alta + esercizi specifici per la partenza Equilibrio

16-20 aprile training – 21-22 aprile recupero
Microciclo 46

Atleti	Giorno 1	Giorno 2	Giorno3	Giorno 4	Giorno 5
Base	Forza esplosiva – velocità Elastici funzionali Potenza Core stability	Coordinazione intramuscolare Isoinerziale Equilibrio	Coordinazione intramuscolare Lavori combinati Core strenght Parte alta	Sci Coordinazione intramuscolare	Sci Mobilità
Intermedi	Forza esplosiva – velocità Balzi fase attiva Coordinazione intramuscolare Core strenght Core stability	Coordinazione intramuscolare Lavori combinati Core stability Core strenght	Sci Leggero lavoro aerobico 20 min Parte alta Core strenght	Sci Coordinazione intramuscolare Isoinerziale Core stability	Sci Coordinazione intramuscolare Leggero lavoro aerobico 20 min Core stability
Avanzati	Sci Forza esplosiva – velocità Elastici funzionali Potenza Coordinazione intramuscolare Core strenght Core stability	Sci Coordinazione intramuscolare Lavori combinati Core stability Core strenght	Sci Circuiti metabolici 6 serie da 1 min, recupero 2 min Parte alta Core strenght Core stability	Sci Coordinazione intramuscolare Isoinerziale Core strenght	Sci Core stability Parte alta + esercizi specifici per la partenza Equilibrio

Giornate di tipo pre-race

18,254 mm	Giorno 1	Giorno 2	Giorno3	Giorno 4	Giorno 5
Base	Forza esplosiva – velocità Elastici funzionali Potenza Core stability	**GARA** Mobilità	Leggero lavoro aerobico 20 min	Sci Coordinazione intramuscolare Mobilità	**Gara**
Intermedi	Forza esplosiva – velocità Balzi fase attiva Coordinazione intramuscolare Core stability	**GARA** Coordinazione intramuscolare Mobilità	**GARA** Coordinazione intramuscolare Core stability	Sci Coordinazione intramuscolare Elastici funzionali Potenza Core stability	**GARA** Leggero lavoro aerobico 20 min Core stability
Avanzati	Sci Forza esplosiva – velocità Elastici funzionali Potenza Coordinazione intramuscolare Core stability	**GARA** Coordinazione intramuscolare Mobilità Core stability	**GARA** Coordinazione intramuscolare Elastici funzionali Potenza Core stability	**GARA** Coordinazione intramuscolare Balzi fase attiva Core strenght	**GARA** Core stability Leggero lavoro aerobico 20 min

Gli allenamenti sugli sci, come il calendario delle gare, devono essere integrato nel programma atletico, cosi come i richiami atletici nel periodo invernale devono prevedere training sugli sci, spostamenti, gare, stato psicomotorio dell'atleta.

Un attento coach ha la soluzione dei problemi logistici/location / attrezzature durante tutto l'arco dell'inverno.

Per esperienza è importante avere:
- elastici funzionali
- scaletta veloce
- kettlebell
- palle mediche
- corda
- bilanciere olimpico
- attrezzo isoinerziale
- tappetino
- rullo trigger point

Con queste attrezzature si può davvero mantenere un programma atletico di livello, durante i mesi invernali, nonostante le difficoltà logistiche, di trasferte e di location nel corso dell'inverno.

FASE 4. Fine stagione – periodo di scarico

Finite la stagione sciistica e le gare, è il momento di riposare.

I professionisti andranno in vacanza, i ragazzi dei club si concentreranno sugli impegni scolastici dopo una faticosa gestione scuola/sci invernale e gli amatori appenderanno gli sci al chiodo per qualche mese.

Ciò non toglie che questo periodo può essere utile per i professionisti, che oltre al riposo potranno dedicarsi a qualche sport che negli altri mesi non è stato possibile praticare.

I ragazzi degli sci club potranno continuare un'attività atletica generale, "sollevando" la testa dai libri per passare del tempo all'aria aperta facendo attività motoria.

Gli amatori continueranno una pratica di allenamento leggera e generale per non perdere lo stato di forma psicofisica.

Per esperienza solo i professionisti hanno necessità di uno stacco completo e netto dagli allenamenti.

Per i ragazzi dei club è importante mantenere un collegamento con le proprie società, esercitandosi con poca intensità, magari in quegli esercizi che tecnicamente devono ancora migliorare.

Infatti sia i ragazzi dei club sia gli amatori in mezzo all'estate andranno in vacanza con amici e famiglie, mentre i professionisti dovranno utilizzare questo periodo di scarico per godersi le meritate ferie.

Circa 2-3 settimane

PIANO ANNUALE
- adattamento anatomico
- tecnica
- periodizzazione della forza
- conversione sport specifica:

A. potenza
B. potenza resistente
C. resistenza muscolare di breve durata

- mantenimento della forza
- recupero

IL GENERE DELL'ATLETA
Le donne generalmente mantengono i guadagni di forza più difficilmente rispetto agli uomini: è un fattore di cui tenere conto in fase di preparazione, mantenimento e performance.

È però anche vero che le donne ottengono ottimi valori di forza più velocemente rispetto agli uomini senza dover ricorrere ad allenamenti sulla forza utilizzando carichi massimali e submassimali.

Carichi generalmente sulle:
- discipline cicliche 40-50% di 1RM
- discipline acicliche/adattamento (SCI) 60-80% di 1 RM
- discipline cicliche 20% di allenamenti combinati in disequilibrio
- discipline acicliche/adattamento (SCI) 40-50% di allenamenti combinati in disequilibrio
- frequenze settimanali di training almeno 3, di cui a seconda dei periodi una di forza o conversione sulla forza sport specifica

Capitolo 5

Transfer allenamento atletico – prestazione sport specifico sci

Incrementare le capacità condizionali e coordinative: gli esercizi e le tecniche migliori per lo sci alpino

A) FORZA-FORZA MASSIMA

La forza massima è il più elevato livello di forza generata dal sistema neuromuscolare durante la contrazione. Con tale definizione ci riferiremo al carico che l'atleta può sollevare per una sola ripetizione, cioè il massimale 100% 1RM.

In anni di allenamenti, ho ritenuto più valide esercitazioni che non arrivassero mai alla singola ripetizione massimale; bensì un lavoro dal submassimale – 2 ripetizioni, fino a 4 ripetizioni, per gli allenamenti maggiormente focalizzati su questa capacità condizionale.

Su questa tipologia di capacità, gli esercizi per gli arti inferiori su cui ho avuto migliori risultati sono sicuramente lo squat, lo swing, la girata olimpica e lo stacco da terra.

Quindi l'utilizzo di esercizi con movimenti completi e su tutte le articolazioni principali. Sconsigliati quegli esercizi dove ci si siede su un macchinario, magari a catena cinetica aperta, annullando la gestione del core, dei muscoli stabilizzatori e il controllo delle traiettorie in un gesto balistico.

L'aumento dei carichi in questi esercizi deve essere accompagnato da un aumento della forza del core e da una tecnica di esecuzione eccellente.

Lo sviluppo della forza, per avere un efficace transfer nello sci alpino, deve inoltre essere accompagnata da un miglioramento/allenamento dei muscoli stabilizzatori.

Il metodo migliore per aumentare la forza dei muscoli stabilizzatori e fissatori è quello di ricreare esercitazioni in cui viene richiesto uno sforzo atletico in forte disequilibrio, integrato a una esercitazione portata alla massima accelerazione e frequenza: lavori combinati.

Periodizzazione della forza

La periodizzazione della forza deve prendere in considerazione le caratteristiche di un dato sport e il calendario del periodo di gare. In questa programmazione è fondamentale la corretta gestione dell'introduzione dei lavori eccentrici e isoinerziali:

- volumi
- periodo
- movimenti
- angoli di lavoro

I programmi sulla forza che negli anni hanno dato i migliori risultati sugli sciatori che alleno sono principalmente tre.

1) Allenamento della forza a piramide

Il sistema a piramide è quello in cui, dopo un meticoloso riscaldamento, sia generale sia su esercizio specifico, vengono eseguite in modo progressivo le serie del carico, andando a diminuire le ripetizioni e mantenendo un recupero di 3 minuti tra le serie.

Esempio

- sul 1/2 squat:
- una serie 6 ripetizioni all'80%
- 2 serie da 5 ripetizioni all'85%
- una serie da 4 ripetizioni al 90%
- una serie da 2 ripetizioni al 95%

2) Allenamento della forza a piramide rovesciata

Un altro ottimo sistema, in cui il numero delle ripetizioni diminuisce all'aumentare del carico nella prima piramide, per poi comportarsi al contrario nella seconda piramide. mantenendo i recuperi sui 3 minuti.

Esempio

- girata olimpica
- una serie da 6 ripetizioni all'80%
- una serie da 5 ripetizioni all'85%

- una serie da 4 ripetizioni al 90%
- una serie da 2 ripetizioni al 95%

per poi ridiscendere a:

- una serie da 4 ripetizioni al 90%
- una serie da 5 ripetizioni all'85%
- una serie da 6 ripetizioni all'80%

3) Allenamento della forza One Step

Il sistema con cui molti atleti con cui ho lavorato hanno ottenuto un aumento dei livelli di forza è quello a trapezio o One Step.

Dopo un warm up generale, si parte con un riscaldamento nel gesto specifico, ad esempio lo swing, con una o 2 serie da 8 ripetizioni al 70-75%, per poi compiere 5/6 serie da 4 ripetizioni all'85% del peso massimale 100% 1RM, sempre mantenendo 3 minuti di recupero.

Negli allenamenti sulla forza si deve tenere conto del fatto che l'azione muscolare eccentrica genera una tensione fino al 130% della forza concentrica. Esercitazioni con carichi over massimale, quindi fino al 150% del massimale, possono essere proposti ad atleti di alto livello e con gestione impeccabile del gesto tecnico.

Gli esercizi su allenamenti di questo genere sono di difficile logistica e scelta. Con assistenza adeguata sono proponibili ad esempio sul 1/2 squat, sulla panca piana e sulle trazioni.

La tipologia di allenamento per incrementare la forza è soggettivo per quel che riguarda questi metodi utilizzati negli anni.

Gli esercizi per l'aumento della forza degli arti inferiori vanno scelti prendendo in considerazione gli schemi motori utilizzati nello sci alpino.

Esempio pratico: uno squat sì, una leg extension no.

Per l'aumento della forza è ideale scegliere pochi esercizi specifici su cui concentrarsi; ad esempio: squat, Deadlift, swing, girate, swing snatch con kettlebell.

Lo swing snatch con i kettlebell è davvero funzionale per lo sciatore: gesto esplosivo, con componente balistica, velocità di contrazione muscolare elevata e gestione della rotazione sulla parte alta, con un controllo dinamico del core per l'utilizzo monobraccio dell'attrezzo.

Progredire e monitorare i carichi su questa tipologia di esercizi.

Per quel che riguarda la fase concentrica di questi esercizi, bisogna mantenere per la maggior parte dei periodi di carico un'azione esplosiva. Variando invece la fase eccentrica, allungandola o accorciandola di 3/4" o 1/2" a seconda del microciclo e macrociclo.

Inoltre, con carichi dell'85% del massimale, eseguendo i giusti richiami durante la pre season e durante il periodo di gare, si riesce a mantenere un ottimo livello di forza per gli atleti durante tutto il periodo autunnale e invernale, dove le sessioni d'allenamento sugli sci sono ovviamente più numerose.

Davvero ottimale come esercizio è lo swing con kettlebell dove è richiesta un'applicazione orizzontale della forza e il gesto rimane necessariamente esplosivo e balistico, con un'attivazione necessaria del core e del tronco in generale.

L'assenza di una pianificazione dei richiami della forza, anche in periodo di gara, può portare a un peggioramento della performance o al presentarsi di stanchezza e maggior fatica durante lo svolgimento del periodo di gara.

Squat

La posizione di partenza dello squat prevede di posizionare i piedi poco più larghi delle spalle e le punte dei piedi leggermente extraruotate verso l'esterno.

Iperestendere leggermente (senza estremizzarla) la schiena, mandando indietro i glutei.

Per eseguire la fase di discesa al parallelo, una volta raggiunta la posizione di partenza si può iniziare la fase di discesa, ossia l'accosciata.

Tenendo neutra la curvatura della schiena, inizare a scendere in modo controllato senza portare le ginocchia verso la punta dei piedi e sentire il peso del corpo nel centro del piede.

È opportuno arrivare a una profondità tale per cui si mantiene la curvatura neutra della colonna nella fase concentrica di risalita.

Estendere le gambe mantenendo lo stesso identico assetto usato nella discesa. Prestare attenzione a dove si sente il peso del corpo, che idealmente dovrebbe essere al centro del piede, senza portare avanti le ginocchia, ma sentendo l'attivazione corretta dei glutei/core.

Gli errori più comuni durante l'esecuzione dello squat sono i seguenti.

Iperestensione della schiena esagerata; movimento iniziato mandando avanti subito le ginocchia e non usando, invece, il bacino/glutei; cedere con le ginocchia verso l'interno; flettere la schiena perdendo la curvatura neutrale e l'attivazione del core che permette alla colonna di supportare carichi elevati; sollevare i talloni da terra; irrigidire il trapezio; salire prima con le gambe e poi con la schiena.

Swing

È un movimento a pendolo, con oscillazione del kettlebell. Lo swing ha delle finalità bene riferite allo sci alpino. Essendo un esercizio balistico deve essere eseguito alla massima velocità. L'obiettivo è quello di slanciare in avanti il peso dell'attrezzo attraverso la massima potenza di estensione delle anche, applicando un'accelerazione massima. Durante la fase di slancio massima il kettlebell si allontana molto dall'asse del proprio baricentro corporeo, lo swing obbliga l'intero corpo a rimanere sempre perfettamente stabile, al fine di poter gestire in sicurezza un carico fortemente decentrato rispetto al kettlebell. Queste capacità, unite all'esplosività del gesto, fanno sì che questo esercizio sia davvero utile per un transfer sugli sci.

È indispensabile controllare la respirazione, senza mai perdere il controllo e la contrazione del tratto lombare-addominale, per una corretta e sicura esecuzione. L'esecuzione corretta dello swing richiede una salita fino all'altezza del pettorale. Questo perché spingere oltre l'attrezzo aumenta il rischio di infortuni su schiena e spalle.

La schiena, durante tutta d'esecuzione, è dritta e tesa. I piedi sono costantemente a contatto con il suolo con tutta la pianta. Le spalle vanno mantenute rilassate, senza rischiare di richiamare anche l'intervento del trapezio.

Il dorso, insieme all'addome è in costante attivazione. Durante la spinta in alto, il bacino è saldo in posizione con l'attivazione dei glutei e anche le ginocchia vengono controllate con la contrazione dei quadricipiti.

La presa delle mani deve essere solida. Questo perché, durante la fase finale concentrica, la sfera del kettlebell non deve superare la linea delle braccia. Per quanto concerne le braccia, bisogna ricordarsi di mantenerle sempre semi-tese. Non sono le braccia ad alzare il carico, ma principalmente la forza generata dai quadricipiti, dai glutei e dagli ischiocrurali, senza dimenticare il dorso e il core addominale.

Nell'esecuzione l'attrezzo è posizionato tra le gambe sulla verticale del baricentro. Piedi leggermente oltre le spalle, ginocchia semi piegate. Il movimento oscillatorio inizia grazie alla contrazione dei glutei e dei muscoli degli arti inferiori, senza aver fretta di portare l'attrezzo in posizione in linea con i pettorali già alla prima oscillazione.

Swing snatch – monobraccio

Si parte nella posizione dello swing, facendo oscillare il kettlebell in mezzo alle gambe, con un movimento rapido, fluido e continuo, portandolo sopra la linea della testa a braccio esteso, ruotando il kettlebell al di sopra del polso e appoggiandolo senza colpi sopra all'avambraccio.

Nel momento in cui il carico arriva sopra la testa, il braccio deve essere sulla verticale e non arretrare rispetto alla linea del capo per evitare inutile stress articolare al cingolo scapolo-omerale. Sull'inerzia

creata, è facile proseguire oltre con il movimento, compromettendo la corretta esecuzione dell'esercizio. Lo swing snatch monobraccio con il kettlebell, è molto utile per controllare anche l'inerzia rotazionale del tronco, sbilanciato da un carico in un solo lato. Questo miglioramento del controllo del core in rotazione permette incredibili miglioramenti sugli sci, nella gestione dell'inerzia rotazionale in curva.

Deadlift

La posizione di partenza vede l'atleta in parziale accosciata con il bilanciere attaccato alle tibie. La distanza tra i piedi è molto vicina alla distanza tra le spalle. Stare al centro con i piedi divaricati alla larghezza dei fianchi. Le braccia sono dritte all'esterno e a contatto con le gambe. La presa può essere supina, prona o mista con una mano supina e l'altra prona (presa che consiglio); mantenendo le scapole addotte.

Ginocchia e anca sono piegate per consentire alle mani di afferrare la barra. Prima di iniziare a sollevare il bilanciere, assicurarsi di avere la schiena il più possibile vicina alla sua posizione neutra e lo sguardo in avanti. L'esecuzione consiste nell'iniziare contemporaneamente a estendere colonna, anche, ginocchia, e prestando attenzione alle spalle che in partenza devono essere qualche centimetro più avanti del bilanciere da una visione laterale. Bisogna distendersi verso l'alto, come se ci si stesse alzando, spingendo attraverso tutto l'arco plantare e finendo in posizione verticale. È necessario ricordarsi di attivare i glutei e di tenere la schiena dritta attivando il core.

Bisogna fare particolare attenzione a non avvicinare le ginocchia che devono rimanere allineate con i piedi per tutto il movimento. La posizione finale vede l'atleta in posizione eretta con ginocchia e anche estese, schiena nella sua posizione di forza e scapole addotte.

Abbassare la barra a terra, tenendola sotto controllo durante l'intero movimento.

È importante eseguire correttamente questo esercizio poiché, se eseguito scorrettamente, può rivelarsi dannoso specialmente per la zona lombare.

Girata Olimpica

Si parte da una prima fase di stacco. Posizionando i piedi sotto il bilanciere per avere una traiettoria più verticale possibile del bilanciere rispetto al baricentro. Estendere le gambe con un'attivazione importante degli arti inferiori e del core.

Durante il gesto esplosivo, passare a una tirata, con l'estensione delle spalle verso l'alto e completa estensione delle gambe, questo gesto esplosivo farà sì che il bilanciere si alzi verso l'alto.

A questo punto con una girata si andrà a gestire la fase di incastro del bilanciere con i punti di contatto del palmo della mano, della spalla e della clavicola. Si dovranno tenere i gomiti più alti possibile per non allontanare il carico dalla linea ideale del baricentro. A questo punto con il busto verticale si controlleranno l'accosciata dello squat e la risalita.

B) POTENZA

La potenza è la somma di due qualità: la forza e la velocità. Questa caratteristica deve essere allenata usando degli esercizi ben specifici, dopo aver incrementato i valori di forza, nel percorso atletico di preparazione. Alcuni autori parlano di forza veloce.

Questa capacità condizionale ha un ruolo molto importante nello sci alpino, dove viene richiesta una capacità di contrazione muscolare molto veloce.

Per l'incremento di questa capacità condizionale si ottengono ottimi risultati nelle esercitazioni con i balzi a carico naturale o con sovraccarico, ma nella loro forma in fase attiva. Cioè con atterraggio su un box, senza che la fase di discesa al suolo gravi in modo eccessivo sull'articolazione del ginocchio e sulla colonna. Ciò che ci interessa in quanto sciatori è sviluppare certe capacità, senza gravare ulteriormente sulle articolazioni, già sottoposte a un duro sforzo durante la performance sulla neve. Raddoppiare certi piccoli traumi può compromettere la preparazione atletica, la crescita motoria degli atleti o addirittura accelerare la possibilità di traumi e infortuni. Un altro metodo efficace per migliorare la potenza di accelerazione è quello degli scatti in salita. Distanze che dipendono dal periodo d'allenamento e dall'inserimento di queste esercitazioni all'interno dei microcicli di allenamento. Le distanze varieranno tra i 15 e i 50 metri e i recuperi tra un minuto e mezzo e i 3 minuti a seconda della lunghezza dello sprint.

Anche gli esercizi pliometrici soprattutto a contrasto sono ottimi allenamenti per l'incremento della potenza. Meglio se da altezze moderate, sempre per non creare traumi eccessivi al ginocchio e alla colonna vertebrale, dato che l'allenamento pliometrico è molto efficace perché richiede movimenti molto veloci e coordinati, ma è anche considerato un allenamento "shock". Motivo per cui volumi e altezze vanno scelti con estrema attenzione.

Non è possibile avere netti incrementi di potenza senza aver migliorato i valori di forza. Gli allenamenti con esercizi balistici producono un grande miglioramento della potenza: palle mediche, swing, elastici funzionali, per menzionarne qualcuno.

Balzo fase attiva

Partenza da terra, con atterraggio sul box. Arti superiori liberi di sincronizzare il gesto del balzo. Particolare attenzione sia in fase di carico sia di atterraggio, nel mantenere una corretta posizione di anche e ginocchia. Senza che le ginocchia cedano verso l'interno o verso la punta del piede.

Pliometria a contrasto

Gli allenamenti pliometrici consistono nell'allungamento dei tendini muscolari, seguito da un veloce accorciamento dell'unità tendinea stessa. Questo processo si chiama "ciclo di allungamento-accorciamento", ed è ciò che rende l'allenamento pliometrico così efficace per migliorare la prestazione di potenza.

Nella fase eccentrica il muscolo si allunga sotto tensione, mentre nella fase concentrica il muscolo si accorcia. Questa alternanza e la velocità di contrazione muscolare producono un notevole transfer nella sua applicazione sugli sci, nello stesso ciclo muscolare presente nella curva dello sciatore.

L'allenamento pliometrico ha come obiettivo quello di velocizzare l'intervallo di tempo fra la fase eccentrica e concentrica del movimento. Per esperienza, nonostante gli enormi benefici in fatto di esplosività, non è necessario utilizzare altezze esagerate da cui saltare, poiché è un allenamento shock e può divenire traumatico per tendini e articolazioni. Una pliometria a contrasto su step è un'ottima soluzione per gli sciatori.

Se un atleta riesce a sfruttare i benefici della progressione degli esercizi pliometrici per raggiungere un buon livello di potenza e forza esplosiva, e combinare queste capacità con una buona tecnica di curva, riuscirà ad avere un miglioramento nel collegare le curve, gestendone le forze, l'intensità e un vincolo efficace della lamina sulla traiettoria di curva.

Partendo da una altezza moderata, balzare leggermente in avanti, gestendo l'atterraggio con il minor tempo di contatto al suolo, nell'alternanza tra fase eccentrica e concentrica del balzo. L'angolo del ginocchio non deve cedere eccessivamente in fase di atterraggio, per poter ripartire verso l'alto nel minor tempo possibile, con una velocità di contrazione muscolare massima. Nella gestione di questa fase di atterraggio/ripartenza è molto importante la sensibilità dell'asse piede/caviglia. Il ciclo di allungamento-accorciamento incrementa la potenza e la forza esplosiva, qualità necessarie allo sciatore.

C) FORZA ESPLOSIVA – VELOCITÀ

Strettamente legata alla potenza, rappresenta l'incremento con il quale la forza si esprime all'inizio della fase concentrica.

Il suo miglioramento dipende dagli allenamenti in cui ci si focalizza in esercizi in grado di reclutare più unità motorie nel minor tempo possibile. Sprint (10-30-60 metri), swing (un buon equilibrio tra il carico e l'accelerazione impressa, intorno al 75% del proprio massimale), con l'accelerazione impressa si ottiene un ottimo condizionamento della forza esplosiva; snatch e lanci sono esercizi molto buoni per lo sviluppo di questa capacità condizionale, così come la pliometria.

L'obiettivo di queste esercitazioni è quello di sollevare o spostare i carichi (anche il proprio corpo nel caso degli sprint/balzi) il più velocemente possibile durante la fase concentrica. Quindi il carico (quando utilizzato) non deve essere eccessivo e va scelto con attenzione.

D) POTENZA RESISTENTE

La conversione delle capacità condizionali legate alla forza e alla potenza nella sua forma resistente si ottiene usando dei carichi relativamente meno elevati (50-70%) con una durata delle serie e con volumi maggiori. Una buona metodologia è quella di inserire queste esercitazioni all'interno dei circuiti e deciderne l'intensità, la durata e i carichi a seconda delle caratteristiche che desidero allenare.

Ad esempio lanci con la palla medica, overhead arm swing con manubrio, farmer walk, sumo squat; inseriti con un 60% del massimale, all'interno di un circuito ad alta intensità.

Lancio della palla medica

Dalla posizione di squat, tenendo la palla medica al petto, distendere in modo esplosivo gli arti inferiori, sinergicamente allungare le braccia per accompagnare il lancio della palla, lasciando andare il carico prima che le mani si allontanino troppo dalla verticale del baricentro.

Sumo squat con kettlebell

In stazione eretta con le gambe divaricate più delle spalle e le punte dei piedi in fuori (angolo di circa 45°), impugnare con tutte e due le mani l'impugnatura della kettlebell posizionata tra le gambe in asse con la linea dei piedi; schiena diritta e sguardo in avanti.

Piegare le gambe, mantenendo la schiena diritta e le ginocchia in asse con la punta dei piedi, portando la kettlebell a toccare il pavimento e tornare in posizione eretta.

Farmer walk

Sia con due manubri, con due kettlebell o high trap bar.

Afferrato il carico piegando le gambe, successivamente all'estensione degli arti inferiori, mantenendo la schiena dritta, incominciare a camminare con passi non troppo ampi, seguendo una linea immaginaria. Mantenere le spalle abbassate e il petto in fuori.

Overhead arm swing con manubrio

Una variante dello swing con il manubrio. Il carico arriverà sopra la verticale della testa dell'atleta. Massima attenzione alla correttezza del gesto atletico, in modo che il carico non oltrepassi la linea del capo durante l'esecuzione, portando a una iperestensione delle spalle.

Metabolismi energetici

Per programmare al meglio la preparazione atletica e i singoli microcicli all'interno di un macrociclo di carico, è necessario conoscere il sistema energetico che andremo a utilizzare.

Sul sistema energetico anaerobico (in assenza di ossigeno) alattacido si devono proporre esercizi tra 1-6 secondi alla massima velocità per allenarne la potenza ed esercizi da 8 secondi per allenarne la capacità. Gli sprint in piano (30-60 metri) e in salita sono un'ottima scelta per sviluppare questa capacità.

Invece per il sistema energetico anaerobico lattacido, si faranno esercizi tra gli 8 e i 20 secondi per svilupparne la potenza ed esercitazioni tra i 20 secondi e il minuto per svilupparne la capacità. Sempre eseguiti al massimo della velocità possibile, tenendo conto della correttezza del gesto tecnico.

Per quel che riguarda il sistema energetico aerobico, per svilupparne la potenza le esercitazioni più efficaci sono quelle tra il minuto e i due minuti e mezzo, in cui si svilupperà la resistenza muscolare di breve durata, fondamentale nello sci alpino.

Per l'incremento di questa capacità condizionale sono ideali i circuiti ad alta intensità, dove è utile inserire esercizi già specifici per lo sci. Questa è la resistenza specifica che maggiormente ci serve nello sport in questione. Durante i circuiti, l'alternanza di esercizi per differenti gruppi muscolari facilita il recupero all'interno della serie ad alta intensità. Alcuni esercizi sul core possono essere inseriti per facilitare il recupero dal punto di vista cardiovascolare all'interno della stessa ripetizione.

Per incrementare maggiormente l'accumulo di acido lattico durante il circuito, i gesti devono essere eseguiti in maniera esplosiva (senza tralasciare la tecnica e le traiettorie degli esercizi balistici), in modo da creare gli ottimali adattamenti fisiologici, utili alle prestazioni sui tracciati di gara o sulle piste in generale. Inseriremo anche esercizi di potenza resistente all'interno dei circuiti, in cui i carichi, come visto precedentemente, varieranno tra il 50 e l'80% del massimale.

La complessità sta nell'inserire queste esercitazioni nel modo corretto all'interno di un piano annuale e all'interno di ogni singolo microciclo.

Durante la preparazione primaverile/estiva, dove verranno inseriti i microcicli di maggior intensità, questo tipo di esercitazioni verranno eseguite due volte a settimana a distanza di 1 o 2 giorni tra loro. L'intensità e la durata verranno incrementate nell'arco delle 12-14 settimane di carico, per poi diminuire prima del periodo atletico/ sciistico autunnale.

Va da sé che una resistenza aerobica di base è richiesta, ma non deve portare via troppo tempo all'interno di un programma di allenamento mirato allo sci alpino.

Conviene dedicarsi a questa a inizio preparazione, per un ricondizionamento atletico iniziale. Senza cadere nel luogo comune secondo cui l'allenamento aerobico di lunga durata è basilare per la resistenza mirata allo sport specifico dello sci alpino.

Per il miglioramento del VO2 Max suggerisco di lavorare con ripetizioni da un minuto fino a 6 minuti a elevata intensità all'interno dei circuiti metabolici, per poter sviluppare la potenza aerobica.

Coordinazione intramuscolare

Per coordinazione intermuscolare si intende la capacità del sistema nervoso di coordinare gli anelli della catena cinetica rendendo il gesto più efficace. Di questa abilità esistono diverse componenti, necessarie per un transfer diretto dal training a secco allo sci alpino.

La sincronizzazione è la capacità di contrarre unità motorie nello stesso momento, coinvolgendo tutto il corpo nell'esecuzione di un movimento atletico e quindi sciistico. La sincronizzazione deve includere anche la velocità di scarico per poter esprimere maggior forza esplosiva nel gesto.

Quindi un incremento della coordinazione intramuscolare deve migliorare la capacità del sistema nervoso di coordinare tutti i settori della catena cinetica, in modo che il gesto diventi sempre più veloce e potente. Questa coordinazione intramuscolare, che nello sci alpino permette di eseguire il gesto tecnico sempre meglio, in linea di principio va allenata anche a secco. Metodologie sicuramente efficaci sono

quelle legate all'utilizzo delle scalette veloci con centinaia di esercizi di agility sulla speed ladder per migliorare la capacità di reagire
prontamente a stimoli percettivi e risolvere nel minor tempo possibile
i gesti tecnici richiesti. È necessario arrivare a un incremento della
rapidità e capacità di reagire agli stimoli, focalizzandosi sulla rapidità
del gesto atletico, nella sua risoluzione tecnica sempre più fine e precisa, applicando potenza e accelerazione, il tutto gestendo l'equilibro
laterale ed antero-posteriore.

Si avrà un miglioramento netto dell'agilità incrementando la velocità di reazione, il timing e la rapidità dei piedi.

Queste esercitazioni vanno gradualmente implementate con diverse difficoltà: distrazioni visive (es: palline, light reaction ecc), distrazioni sonore (fischi, battito di mani, comandi vocali ecc), carichi, disequilibri da gestire durante l'esercizio (bosu, cuscinetti, tavolette, ecc).

Lo sci alpino è sicuramente uno sport di adattamento e di situazione.

Un susseguirsi di micro adattamenti, sui quali essere in ritardo e
fuori timing, significa perdere troppo tempo e allontanarsi dalla linea
e velocità migliore. Proprio per questo tale capacità deve essere allenata e mantenuta nella maggior parte delle sessioni di training e di
richiami durante l'inverno.

Il ritmo, la velocità di contrazione muscolare, la potenza della
pressione, la gestione della coordinazione in disequilibrio su un piano

inclinato e ghiacciato sono fattori allenabili anche durante i workout lontani dalla neve.

Muoversi alla massima velocità, all'interno di una scaletta con appoggi obbligati e uscite richieste fa sì che l'atleta sviluppi certe capacità che riporterà con sempre maggior naturalezza sulla neve. Suggerisco sia esercizi bipodalici sia esercizi monopodalici con movimenti sempre più specifici alla ricerca del gesto motorio dello sci alpino.

Anche l'incremento della forza può avere enormi benefici nel miglioramento della coordinazione intramuscolare.

Rapidità e destrezza avranno enormi miglioramenti con l'utilizzo regolare e progressivo delle scalette veloci.

Un miglioramento della coordinazione intramuscolare, combinato a un incremento della forza aiutano nella prevenzione degli infortuni, in uno sport dove la componente traumatica è un fattore presente e importante.

La coordinazione intramuscolare migliora con allenamenti ad alti carichi e con la massima accelerazione possibile del gesto atletico a corpo libero, cioè quando proponiamo esercitazioni con il maggior reclutamento di unità motorie a contrazione veloce.

COORDINAZIONE INTRAMUSCOLARE/PROPRIOCETTIVITÀ

Dove abbiamo il primo contatto sugli sci? Ovviamente sotto il piede. E quindi ecco la fondamentale importanza della propriocettività, a volte trascurata durante la preparazione in favore di lavori più di forza o metabolici.

Senza una trasmissione e sensibilità adeguata dell'impulso motorio viene meno l'efficacia della conversione di forza nel gesto specifico del nostro sport. Ma non solo, anche una minor possibilità di incremento di potenza in fase di preparazione, per non parlare di un rischio maggiore di infortunio nella scorretta gestione dell'asse caviglia-ginocchio-bacino.

Poiché come per i lavori di forza si deve continuare a esercitarsi sia in fase preparatoria sia con richiami in periodo di gara, così anche per i lavori neuromotori non bisogna perderne la continuità per non vanificare gli adattamenti/miglioramenti neuromuscolari (Sale 1990).

Chiaramente la propriocettività richiesta nello sci alpino è molto importante e va preparata con cura, perché spesso sono i centesimi a farla da padrone, e saranno i dettagli a fare la differenza al traguardo.

Federica Brignone, campionessa Olimpica e Mondiale, impegnata in un difficile esercizio di equilibrio, con distrazioni visive. Doti funamboliche, non a caso l'unica vincitrice italiana nella storia, della coppa del mondo generale di Sci alpino femminile.

Senza sottovalutare il fatto che con una maggior propriocettivita i tendini interessati nel gesto specifico possono lavorare in maniera più efficiente ed efficace sull'apparato locomotore, fino anche a rafforzarsi programmando un tempo sotto tensione con un lavoro propriocettivo compreso tra i 30 e 70 secondi (Langberg 2007).

EQUILIBRIO
In fisica viene definito lo stato di quiete di un corpo.

Nello sci è una qualità imprescindibile da sviluppare per migliorare la propria performance sulla neve.

Nello sci alpino dobbiamo gestire un equilibrio dinamico su cui influiscono innumerevoli forze ed elementi esterni sulla gestione di esso.

Un continuo di micromovimenti da controllare ad alta velocità, su un pendio scivoloso, attaccati per i piedi a due aste.

Esercizio di equilibrio con macchinario Rush-Spacewheel

Le doti funamboliche di certi sciatori legate alle altre capacità coordinative e condizionali sono il motivo di un livello elevato nel gesto atletico dello sport specifico.

L'equilibrio si può e si deve allenare anche a secco. Sviluppandone anche le qualità acrobatiche, con un miglioramento del controllo del corpo in aria.

Le esercitazioni possono partire sin dalla giovane età per poi via via diventare sempre più complesse.

Come ogni allenamento dovremo partire dal facile e andare verso il difficile. Un fattore molto importante è la diversificazione degli allenamenti. La fantasia e la variazione della proposta atletica sono molto importanti per creare una base motoria e di equilibrio sempre più ampia, così da poter raggiungere vette davvero elevate di questa qualità. Potremo sviluppare questa capacità unendola anche a esercitazioni legate alla forza, al core, ai lavori combinati o addirittura alla parte alta, incrementando sempre di più il miglioramento dei muscoli stabilizzatori e avendo cosi un transfer positivo nello sci alpino.

Ci sono varianti infinite di esercizi sull'equilibrio, l'importante è creare soluzioni e situazioni in cui si riducano al minimo le possibilità di infortunio, ma al tempo stesso alzare l'asticella delle difficoltà. Esercizi con varianti a occhi chiusi, distrazioni visive, coordinare la parte alta con lavori differenti, durante l'esecuzione del gesto tecnico.

Il cuore… dell'allenamento
esercizi e metodologie più specifiche per lo sci

L'IMPORTANZA DEL CORE
Voglio cominciare con una provocazione: per lo sci alpino è quasi più importante la costruzione di un core forte che un allenamento esagerato sugli arti inferiori, tralasciando un intenso allenamento di core training.

Ovvio che dagli arti inferiori passa la maggior parte dell'allenamento atletico e sciistico; ma è di fondamentale importanza l'allenamento del core. L'anello centrale di una catena.

Sia nell'allenamento atletico sia nel gesto sciistico è importante che l'atleta metta in moto simultaneamente, sinergicamente e possa esprimere le abilità motorie con un esplosivo e coordinato movimen-

Martina Perruchon forte Slalomista italiana, con presenze in Coppa del Mondo e Coppa Europa, impegnata nel Trunk Rotation.

to fluido, allenando l'atleta a utilizzare le catene cinetiche in modo integrale, senza allenare un singolo muscolo in modo isolato. Nello sport specifico dello sci alpino queste abilità motorie vengono utilizzate per ottimizzare l'equilibrio dinamico, sottoposto a difficilissime oscillazioni e forze.

Un core allenato correttamente consente di stabilizzare un continuo disequilibrio e migliorare i movimenti reattivi richiesti. Questo sia in fase di training a secco sia sugli sci.

Gli allenamenti di core training hanno un reale beneficio sulla postura della colonna vertebrale, sulla possibilità di aumentare i carichi di forza, sul controllo del disequilibrio, sulla migliore velocità di contrazione muscolare e accelerazione, sulla prevenzione degli infortuni. Il core è l'anello centrale della catena cinetica che permette di reagire e gestire alle forze interagenti dei movimenti funzionali in sessioni di training e sugli sci.

"La core stability è la capacità di stabilizzare la colonna vertebrale come risultato dell'attività muscolare, mentre la core strength è l'abilità dei muscoli nel produrre potenza attraverso la forza contrattile e la pressione intra-addominale" (Faries e Grenwood).

Per lo sci alpino è importante avere elevati livelli di forza del core, come ottimi livelli di stabilità.

Saranno quindi allenate entrambe le abilità inserendo nella programmazione atletica entrambe le esercitazioni, pianificando i volumi e le intensità di quest'ultime.

Inseriremo esercitazioni di core stability dove ci sarà un basso livello di attivazione con movimenti lenti o statici, incrementando la resistenza e il disequilibrio in questi esercizi. Ad esempio plank frontali, nei quali aumenteremo la durata dell'esercizio e la complessità, inserendo ad esempio una fitball o un appoggio monopodalico. Incrementeremo la stabilità, aumentando in modo graduale i volumi di lavoro.

Quando invece proporremo allenamenti sulla forza del core, ci saranno esercizi con un'elevata attivazione neuromuscolare, allenamenti con movimenti dinamici, balistici e con carichi.

Questi allenamenti saranno specifici sui movimenti richiesti nello sci alpino, aumentando la forza, attivando più unità motorie possibili.

Un esempio potrebbe essere una trunk rotation con elastico funzionale, indossando un giubbotto zavorrato, in piedi in disequilibrio su una fitball.

Pensiamo soprattutto per quel che riguarda l'allenamento dell'aumento della forza del core, riproponendo movimenti simili all'azione nello sport specifico dello sci, cosicché il sistema nervoso centrale e la muscolatura del core coinvolta elabori e migliori i movimenti, che l'atleta dovrà gestire su una pista innevata.

Riproporre a secco le esercitazioni sul core, simulando il gesto specifico sugli sci, ovviamente non sarà la stessa identica cosa, perché non abbiamo un piano inclinato ghiacciato e delle curve obbligate, ma possiamo sicuramente proporre movimenti funzionali, sinergici con le catene cinetiche coinvolte nello sci alpino.

Queste esercitazioni di core stability e di aumento della forza del core hanno anche la funzione di supporto nella prevenzione infortuni.

Nella scelta delle esercitazioni e in quella degli allenamenti sul core, tengo sempre in grande considerazione il piano inclinato sul quale si pratica la performance sportiva.

Alcuni esercizi di core training.

Plank frontale e plank laterale, bench, superman, con le loro varianti da semplice a complesso con diminuzione di tutti appoggi iniziali, con l'inserimento di appoggi instabili, e con utilizzo di più attrezzature (ad esempio attrezzi di scorrimento come il roll over, roll out o i manubri) fitball, bosu, cuscinetti, manubri, giubbotto zavorrato, elastici funzionali; sono tutti elementi per aumentare la difficoltà e il livello di forza delle esercitazioni.

I volumi maggiori si possono completare con esercizi classici come il crunch e il crunch inverso, per poi dedicarsi a esercitazioni più complesse e con maggiori valori di forza come il russian sit e il russian twist. Esercitazioni sui bench con il trx, gli anelli o appoggi fissi possono creare elevati valori di forza per il core.

L'utilizzo dei kettlebell, oltre a essere un ottimo esercizio di forza su movimenti funzionali, crea incredibili benefici a livello della forza e controllo del core. Specialmente se proposto in allenamenti come lo snatch mono braccio con appoggio stabile o su superficie instabile (bosu, cuscinetti, tavolette). L'esercizio dello swing con il kettlebell è sicuramente una delle migliori esercitazioni per incrementare forza e potenza, unite a uno straordinario training anche sul core. Di questo esercizio sono suggerite anche le varianti in disequilibrio o monobraccio.

I trunk rotation con gli elastici funzionali, dei carichi o con i macchinari isoinerziali, hanno enormi benefici sul transfer diretto con lo sci alpino. Unendo a queste esercitazioni una componente di disequilibrio (fitball, bosu ecc) otteniamo ancor di più straordinarie capacità sulla pista da gara.

Un allenamento del core è fondamentale per il benessere della colonna vertebrale, visto anche il forte stress che ne riceve tra vibrazioni, pressioni e compressioni in pista. Un allenamento funzionale per il core, con la combinazione di core stability e forza del core, è la miglior proposta per l'ottimale tensegrità addominale, ottenendo così che la resistenza dell'insieme superi di molto la somma delle resistenze dei singoli componenti (R. Buckminster – Fuller), in modo da consentire grande capacità di adattamento, di carico e di equilibrio dinamico, al sorgere di enormi forze esterne della discesa con gli sci.

La qualità degli allenamenti è più importante della quantità, perché è talmente specifico e talmente breve il tempo a disposizione per allenarsi che per fare la differenza gli allenamenti devono essere mirati nella direzione giusta.

Plank frontale

Il plank frontale consiste nel posizionarsi a terra sui gomiti e formare una linea retta con il corpo. È necessario mantenere la posizione, facendo attenzione che il bacino e l'anca non si abbassino né siano troppo alti, e rimanere nella posizione per alcuni secondi o minuti, a seconda della preparazione fisica. Una variante più complessa consiste nell'alternare gli appoggi dei piedi o degli arti superiori o creare dei disequilibri sulle basi di appoggio. Come una fitball.

Nell'eseguire il plank non è richiesto il massimo sforzo quanto la capacità di ascoltare il proprio corpo e assecondarlo.

Plank laterale

Posizionare il corpo a gambe tese in appoggio sui gomiti. Un braccio rimarrà piegato sui gomiti, l'altro posizionato sul fianco oppure alzato in alto. È fondamentale sollevare il bacino, in modo che il corpo e il pavimento formino un angolo di 30 gradi.

Plank frontale e laterale varianti su fitball

Bench frontale

Sono alternative con le braccia tese sia del plank frontale sia di quello laterale.

Posizione prona, braccia estese. Allargando le mani o portandole avanti si creano varianti, con progressivo aumento della difficoltà.

Una variante più complessa consiste nell'alternare gli appoggi dei piedi o degli arti superiori.

Bench laterale: alternativa con le braccia tese del plank laterale.

Bench variante su bosu in disequilibrio.

Bench – Superman

Dalla posizione di bench frontale, sollevare una gamba e il braccio opposto, mantenendo la posizione, gestendo il basculamento laterale e la corretta curvatura della schiena, mantenendo attivato il core e la contrazione del trasverso con la sinergia della respirazione. Varianti più complesse si ottengono inserendo disequilibri sotto i piedi o per l'appoggio degli arti superiori.

Trunk rotation
Con l'elastico. Gambe divaricate, ruotare portando l'elastico in massima estensione, controllare il ritorno di movimento, gestendo il fattore elastico, la traiettoria e lo stop del busto con le braccia al parallelo, nella rotazione controllata. Sincronizzare il respiro con il gesto

111

atletico. Varianti più difficili si possono creare con disequilibri sotto i piedi, come ad esempio eseguendo l'esercizio su una bosu.

Roll out

Posizionare le ginocchia, su un tappetino. Nella posizione iniziale le manopole di AB roller devono essere davanti ai vostri occhi, le braccia stese e contratte, la schiena in tensione. A questo punto dovete scendere in avanti, fino a quando si riesce a mantenere la giusta posizione

della schiena attivando gli addominali. Nella posizione estrema dovete andare ad effettuare una gestione dell'inversione di movimento per ritornare in una posizione di partenza, in modo tale che gli addominali rimangano sempre in contrazione durante l'esecuzione. Sarà tramite una contrazione attiva degli ad-

dominali, e specialmente del trasverso, che la ruota verrà richiamata verso la posizione iniziale di partenza.

Roll over

Variante manubri a croce
Da una posizione di bench frontale, mantenendo la corretta posizione della schiena, con l'attivazione del core; allargare i manubri, gestire il controllo dell'inversione di rotazione e riportare i manubri sulla verticale sotto il petto dell'atleta.

Variante manubri a superman
Da una posizione di bench frontale, mantenendo la corretta posizione della schiena, con l'attivazione del core, allungare un braccio in avanti facendo scorrere il manubrio, contemporaneamente con l'altro braccio, compiere un piegamento push up. Controllo dell'inversione di rotazione e riportare i manubri sulla verticale sotto il petto dell'atleta.
Di questo esercizio, una variante più difficile è quella a roll over-superman, alzando una gamba durante l'esecuzione dell'esercizio e alternando i lati.

Muscle up agli anelli

Senza slanci per un lavoro corretto ed efficace.

Pre requisiti: trazioni e dips sugli anelli.

Presa falsa, cioè il carpo della mano appoggiata all'anello.

Prima fase di trazione, seconda fase di transizione, portando il busto in avanti, mantenendo la posizione corretta delle spalle. A questo punto distendo le braccia con un normale dips. Gestendo poi la fase eccentrica di ritorno. Tenuta e attivazione del core, durante tutta la durata dell'esercizio. È un esercizio molto completo ed efficace per l'aumento della forza del core, coinvolgendo molti muscoli: il gran dorsale, grande rotondo, piccolo rotondo, bicipite brachiale, brachiale anteriore, lungo supinatore, i trapezi, romboidi e deltoidi posteriori.

I pettorali, il deltoide anteriore, i tricipiti, la schiena. Sugli addominali vengono coinvolti nello stesso esercizio il muscolo retto dell'addome, il muscolo obliquo esterno, il muscolo obliquo interno, il muscolo trasverso dell'addome e il muscolo piramidale; così come il muscolo quadrato dei lombi, il muscolo grande psoas, il muscolo piccolo psoas e il muscolo iliaco. Ecco perché è un esercizio di grande utilità per la forza del core e della parte alta dello sciatore. È un esercizio che richiede un grande allenamento dei muscoli stabilizzatori.

Russian sit up

Sdraiati supini, gambe tese divaricate, quadricipite contratto, braccia distese verso l'alto davanti al viso. Mantenendo fermo il bacino e le gambe, spingere le braccia verso l'alto salendo con il busto.

Il movimento finisce con il busto diritto e le braccia in alto sulla verticale della spalla. Senza cambiare l'assetto delle braccia, si torna alla posizione supina. Nella fase di salita e discesa gestire la posizione della schiena con la corretta attivazione dei muscoli addominali. Sia nella fase di salita sia in quella di discesa non utilizzare slanci o rimbalzi che vanno a diminuire il lavoro sul core.

Russian twist

La posizione iniziale prevede che voi siate seduti a terra con i piedi in sospensione come una posizione iniziale in isometria con un V-Up.

Inclinare la schiena all'indietro fino a creare fra busto e gambe un angolo di 45°. Una rotazione del busto verso un lato, con il rispettivo ritorno alla posizione iniziale, per poi ruotare il busto verso l'altro lato. Oltre a essere di per sé un esercizio per gli addominali, implementarlo con la perdita dell'equilibrio ne aumenta l'intensità.

Il crunch e il crunch inverso

Sono due ottimi esercizi per allenare gli addominali con volumi molto elevati. Mentre l'intensità degli allenamenti verteranno maggiormente sugli esercizi precedenti.

Functional training
Esercizi multifunzionali e combinati

Esercizi combinati, come detto in precedenza, sono utilizzati per lo sviluppo della forza e per avere un efficace transfer nello sci alpino. Quindi lo sviluppo della forza deve essere accompagnato da un miglioramento e allenamento dei muscoli stabilizzatori. Il metodo migliore per aumentare la forza dei muscoli stabilizzatori e fissatori è quello di ricreare esercitazioni in cui viene richiesto uno sforzo atletico in forte disequilibrio integrato a una esercitazione portata alla massima accelerazione e frequenza.

I lavori combinati.

L'incremento di forza e potenza collegato a un ottimo equilibrio, utilizzando allenamento su più piani e non solo unidirezionale, è la migliore soluzione per un miglioramento funzionale allo sci.

Oltre a prevenire gli infortuni, un maggior lavoro in disequilibrio, con il miglioramento dei muscoli stabilizzatori, permette un miglior transfer atletico sugli sci, con una capacità di gestione dell'asse caviglia-ginocchio-bacino più funzionale al gesto tecnico.

Esercitazioni monopodaliche e bipodaliche in presenza di disequilibri come bosu, fitball, slack line, pedane basculanti, cuscinetti e tavolette possono incrementare notevolmente le abilità motorie e il controllo dei muscoli stabilizzatori e la muscolatura più profonda.

La gestione di questi disequilibri, in presenza di carichi di lavoro e richieste motorie di potenza, permette in tempi brevi grandi benefici nella performance sulla neve. Altro esempio è l'utilizzo dei lavori isoinerziali in disequilibrio.

Allenare in modo isolato il singolo muscolo è una perdita di tempo senza nessun comprovato transfer diretto sullo sci. Proprio perché tutto il corpo umano e i movimenti che produce fanno parte di una catena. "Possiamo definire le catene muscolo connettivali o mio-fasciali come una sequenza definita di muscoli, la cui contiguità è data dal sistema connettivale fasciale, al cui interno è mantenuto, grazie all'attività dell'apparato locomotore e dal sistema nervoso, un tono preferenziale" (Spine Center). Salvo che si tratti di una prima fase di recupero da infortunio. Per queste tipologie di esercizi, che ho definito "combinati", un fattore importante nella pianificazione è quello di programmare queste esercitazioni tenendo conto dell'affaticamento nervoso e di un atteggiamento mentale molto positivo nell'esecuzione degli stessi. Dedicare una giornata all'interno del microciclo settimanale a queste esercitazioni e creare un contesto molto positivo in cui l'atleta possa divertirsi ed esaltarsi nel compiere questi allenamenti.

Lo stesso allenamento svolto in una fase di estrema stanchezza e svogliatezza dell'atleta non produce gli stessi effetti. Quando il corpo si allena in maniera totale, con il functional training o gli esercizi combinati, si sviluppano armonia ed equilibrio. Questa tipologia di allenamento non lavora su un muscolo individualmente, ma crea nel corpo un ritmo che tocca ogni corda e vibrazione dell'essere sia a livello fisico sia di concentrazione mentale.

Esercizi come lo swing e lo swing snatch in disequilibrio vanno ad allenare i muscoli stabilizzatori, utilizzando la muscolatura del gran dorsale che dal bacino sale fino all'omero e oltre a collegare queste due linee del corpo stabilizza con forza l'intero cingolo scapolare verso il tronco e verso il bacino e trasmette alle mani la forza di presa sul kettlebell.

Tutti i muscoli stabilizzatori del tronco devono essere in attivazione per essere in grado di controllare in sicurezza e con il gesto corretto il carico che si muove ad alta velocità, allontanandosi molto nel punto di estensione nella posizione eretta del corpo. I muscoli addominali (retto dell'addome, obliquo interno, obliquo esterno e trasverso dell'addome) e i muscoli della regione glutea sono quelli maggiormente coinvolti nella stabilizzazione del bacino. E questo fornisce un enorme allenamento all'atleta, nel transfer dalla preparazione atletica alla performance in pista sugli sci.

In questi esercizi combinati l'intero corpo viene coinvolto durante lo swing col kettlebell e lo swing snatch in disequilibrio, a partire dai piedi che devono gestire un disequilibrio in contemporanea a un gesto esplosivo e balistico. Saranno fortemente stressati i muscoli ti-

Raffaella Brutto Atleta Olimpica e Mondiale della Nazionale Italiana di Snow-board, impegnata in un lavoro combinato di Swing in disequilibrio.
I Lavori combinati esaltano le incredibili doti di equilibrio di questa atleta.

biali anteriori e i polpacci delle gambe, così importanti per la gestione dell'equilibrio e della pressione anteroposteriore durante la discesa in pista. Per quanto riguarda il tronco, sono coinvolti gli stabilizzatori diretti della colonna vertebrale, i muscoli paravertebrali, nella tenuta isometrica, richiesta infatti anche nel gesto sport specifico della curva con gli sci.

Sia con due manubri sia con due kettlebell o high trap bar.

Afferrato il carico piegando le gambe, successivamente all'estensione degli arti inferiori, mantenendo la schiena dritta, salgo sopra un rullo; incomincio a camminare con passi non troppo ampi, seguendo una linea immaginaria sopra un rullo. Mantenere le spalle abbassate e il petto in fuori.

Esempio: farmer walk in disequilibrio

È oramai accertato che gli atleti non dovrebbero allenare i muscoli in isolamento; i lavori multifunzionali su superfici instabili, infatti, sono di grande aiuto nella preparazione a secco dello sci alpino.

Allenate il movimento! non il singolo muscolo per una trasformazione efficace dalla palestra allo sport outdoor.

Isoinerziale

L'allenamento isoinerziale è una tipologia di allenamento basata sull'utilizzo di macchine, in cui la resistenza è data da una massa inerziale rotante, detta volano. La massa inerziale genera una resistenza, che viene esercitata sull'atleta in entrambe le fasi del movimento, concentrica ed eccentrica.

La forza viene trasmessa al volano, il quale si avvolge e si srotola dall'albero. Proprio come uno yo-yo.

Nella fase eccentrica si ha dunque un lavoro dell'atleta, affinché controlli il movimento con la propria forza. Il volano restituisce in quest'ultima fase la forza in maniera proporzionale alla forza applicata durante la fase concentrica. Il carico di lavoro del volano può essere aumentato, incrementando la velocità o aggiungendo dei pesi allo stesso. Utilizzando un imbrago non vi è nessun carico sulla colonna. Motivo per cui viene utilizzato anche in età giovanile (dalla categoria ragazzi in su)

Questa tipologia di allenamento ha come principio l'alternanza delle due fasi del movimento, concentrica ed eccentrica, con quest'ultima in cui si ha la stessa accelerazione prodotta durante la prima fase.

In una sequenza di accorciamento-allungamento del muscolo, l'azione muscolare concentrica è potenziata da una precedente azione muscolare eccentrica controllata.

Diversi studi hanno sottolineato che i protocolli di allenamento in cui la fase eccentrica del movimento è maggiore producono miglioramenti della forza maggiori rispetto a quelli in cui il carico è costante durante le fasi concentrica ed eccentrica.

Negli ultimi anni sia con gli atleti professionisti sia con gli atleti degli sci club o gli amatori, ho adottato questa tipologia di allenamento, integrandola all'interno del programma atletico, in modo sinergico agli allenamenti a secco.

Nel lavoro isoinerziale, utilizzando una forte componente eccentrica, legata a un lavoro di resistenza muscolare alla forza di breve durata (MES) otteniamo una utile combinazione per discipline che variano da 40" a 2 minuti, utilizzando un mix di capacità lattacida e potenza aerobica. Guarda caso lo sci alpino.

Come detto in precedenza è importante pianificare la periodizzazione della FORZA

La periodizzazione della forza deve quindi prendere in considerazione le caratteristiche di un dato sport e il calendario del periodo di gare. In questa programmazione è fondamentale la corretta gestione dell'introduzione dei lavori eccentrici e isoinerziali:

1. volumi
2. periodo
3. movimenti
4. angoli di lavoro

- Nei lavori isoinerziali la componente eccentrica è inferiore al lavoro eccentrico vero e proprio, per cui questa versione "ibrida" del lavoro eccentrico permette all'atleta di alternare progressivamente un carico in tenuta e poterlo utilizzare anche in periodi di richiamo e scarico

- Soprattutto a livello giovanile, complice anche l'assenza di grossi carichi che gravano sulla colonna, può essere davvero un lavoro valido nella crescita dell'atleta

- L'allenamento eccentrico e isometrico su superfici instabili migliora la propriocettività e la forza dei muscoli fissatori (Thacker 2003).

- Motivo per cui utilizzo molto le attrezzature isoinerziali in disequilibrio, come la pedana basculante Spacewheel.

Ho notato un beneficio sulle piste dove è richiesto il cambio di direzione e dove l'atleta deve accelerare e decelerare il movimento, stabilizzando il proprio corpo nel minor tempo possibile, su un piano inclinato, in velocità.

Per ottenere un miglior transfer dalla preparazione atletica allo sci, ho inserito l'utilizzo di isoinerziali in disequilibrio in un numero sempre maggiore di sedute di allenamento con utilizzo di macchine isoinerziali, dove il lavoro concentrico e di controllo eccentrico vengono eseguiti su una pedana basculante. Questo lavoro combinato tra forza e disequilibrio ha portato grandi benefici sulle piste agli atleti che seguo.

ESERCIZI AUXOTONICI − ELASTICI FUNZIONALI: COMPONENTE BALISTICA E INCREMENTO DI POTENZA
Per contrazione auxotonica si intende una contrazione concentrica, in cui la tensione muscolare cresce progressivamente man mano che il muscolo si accorcia. Nel caso degli allenamenti con gli elastici la resistenza esterna tende ad aumentare durante la contrazione.

L'accelerazione del gesto, cosi come il livello di tensione da contrastare o controllare, avranno una positiva conseguenza sull'aumento di potenza dell'atleta.

La tensione sarà progressiva, al tendersi dell'elastico.

Più l'elastico verrà allungato più si avrà tensione muscolare durante lo sforzo. Proprio per questo la contrazione concentrica svilupperà la massima capacità di carico e velocità di contrazione muscolare; mentre la fase eccentrica con il ritorno dell'elastico sarà controllata per evitare un ritorno eccessivamente veloce e senza il controllo della corretta traiettoria.

L'utilizzo degli esercizi auxotonici ha molteplici applicazioni, dalla riabilitazione motoria alla preparazione atletica, dal lavoro dinamico alla gestione della tensione statica o isometrica. Sono ottimi esercizi per l'incremento della potenza a seconda della tensione dell'elastico e della gestione delle traiettorie durante il gesto balistico. Un ottimo connubio di potenza e controllo del gesto tecnico, soprattutto nella fase eccentrica.

Elastici
L'utilizzo degli esercizi auxotonici ha molteplici applicazioni, dalla riabilitazione motoria alla preparazione atletica, dal lavoro dinamico alla gestione della tensione statica o isometrica.

Sono ottimi esercizi per l'incremento della potenza a seconda della tensione dell'elastico e della gestione delle traiettorie durante il gesto balistico. Un ottimo connubio di potenza e controllo del gesto tecnico, soprattutto nella fase eccentrica. Sono un ottimo metodo di lavoro per incrementare le capacità di decelerazione e sui cambi di direzione (ad esempio nella preparazione atletica per le discipline tecniche, come lo slalom gigante e lo slalom speciale)

Spesso, più efficaci nella preparazione, per un transfer specifico nello sport, rispetto a macchinari più statici dove le traiettorie sono fisse e l'atleta "spegne" il cervello spingendo o tirando, seduto su un macchinario.

Alcuni dei molteplici esercizi auxotonici

Elastici fuzionali

Skip

Posizionando l'elastico funzionale intorno alla vita, metto la banda elastica in tensione. E seguo uno skip, sincronizzando il gesto tecnico, con una tenuta della tensione elastica. Gli appoggi devono essere esplosivi e l'esercizio eseguito alla massima intensità, gestendo con il core e i muscoli stabilizzatori la velocità e correttezza del movimento.

Skip laterale

Posizionando l'elastico funzionale intorno alla vita, metto la banda elastica in tensione. Eseguo uno skip laterale, sincronizzando il gesto tecnico, con una tenuta della tensione elastica. Controllare l'inerzia rotazionale del busto, così come il corretto appoggio dell'asse caviglia-ginocchio-bacino.

Sci/piede esterno

Posizionando l'elastico funzionale intorno alla vita, metto la banda elastica in tensione. Se possibile è meglio utilizzare un piano inclinato che vada a simulare un pendio, proprio per migliorare il transfer preparazione atletica-sci in pista.

Mantenendo l'elastico in tensione, con i piedi paralleli, abbasso il baricentro, piegando le gambe fino a un angolo del ginocchio di 120° (quindi senza cedere in maniera esagerata), mantenendo la tensione dell'elastico. Rialzo il baricentro, senza lasciarmi vincere dalla tensione dell'elastico.

Sci/piede esterno con trunk rotation

Esercizio con macchinario Rush-Spacewheel.

Posizionando l'elastico funzionale intorno alla vita, metto la banda elastica in tensione. Se possibile è meglio utilizzare un piano inclinato che vada a simulare un pendio, proprio per migliorare il transfer preparazione atletica-sci in pista. Tengo con la mano esterna un altro elastico di durezza inferiore.

Mantenendo l'elastico in tensione, con i piedi paralleli, abbasso il baricentro, piegando le gambe fino a un angolo del ginocchio di 120° (quindi senza cedere in maniera esagerata), mantenendo la tensione dell'elastico. Rialzo il baricentro, senza lasciarmi vincere dalla tensione dell'elastico. Simultaneamente, eseguo un trunk rotation opposto, dove simulo una perdita della corretta posizione del tronco, per poi recuperare la giusta postura della parte alta in sinergia con il movimento alto-basso degli arti inferiori. Questo esercizio risulta molto utile per il controllo del tronco durante la fase di curva nello sci alpino e il controllo dell'inerzia rotazionale.

Doppi impulsi laterali

Importante esercizio pliometrico, che si può eseguire con diverse varianti: a corpo libero, con la corda, con l'elastico funzionale alla vita e con l'elastico alle caviglie (variante avanzata).

Una volta posizionato l'elastico intorno alle caviglie, per eseguire correttamente questo esercizio si deve rimbalzare in modo deciso sul piede esterno; le gambe devono essere tese e si devono alzare alternativamente le ginocchia facendo dei salti laterali: i piedi toccano il suolo in modo contemporaneo, una gamba rimane in tensione mentre l'altra porta il ginocchio verso l'alto.

Loop band aperture laterali

Una volta posizionato l'elastico intorno alle caviglie, fare delle aperture laterali a 45° in avanzamento, controllando il giusto allineamento dell'asse caviglia-ginocchia-bacino nella sequenza di abduzioni, controllando il ritorno elastico durante il riavvicinamento dei piedi.

L'utilizzo degli elastici ha un'ottima funzione anche per l'allenamento della parte alta. Come warm up parte alta: vedi Asiva 12.

Un valido supporto per alcuni esercizi come per le trazioni o per creare training multifunzionali come sui piegamenti con rotazione elastici, per lavorare su core e parte alta in maniera sinergica.

Push up con rotazione elastico

Tenendo l'elastico ben saldo tra le mani, dalla posizione di bench frontale, eseguire un push up, nella fase di distensione delle braccia, eseguire una rotazione del tronco, mantenendo la tensione dell'elastico e controllandone la traiettoria e il ritorno elastico. Nell'esercizio è richiesta un'attivazione del core per il mantenimento della corretta postura della colonna.

Capitolo 6

Elementi importanti

Riscaldamento

- A secco: durante le sessioni di training a secco è fondamentale la parte iniziale del riscaldamento. Si comincia con un warm up generale, per poi passare a un riscaldamento specifico per una determinata seduta di allenamento.
- In pista (Asiva 12): un inadeguato riscaldamento è un fattore che può predisporre alle lesioni muscolari. Così come il fattore esterno del freddo, presente nella maggior parte delle giornate di allenamento e di gare sulla neve. Nel 2016, insieme al dottor Aprato, abbiamo creato un protocollo di riscaldamento utile allo sciatore. Dall'amatore all'atleta.

Gli atleti di alto livello dovrebbero integrare questo protocollo con ulteriori riscaldamenti.

Asiva 12

La ricerca ha indicato che lo sci alpino rappresenta uno sport a rischio per infortuni con un'incidenza di 33 lesioni per 100 atleti a stagione [1]. Attraverso un utilizzo regolare del programma ASIVA 12 auspichiamo di rendere questa disciplina, un attività fisica più sicura sia a livello amatoriale sia professionistico. Negli ultimi decenni [2] i materiali e l'affinamento della tecnica stessa hanno portato a un amento delle velocità in allenamento e in gara comportando un possibile aumento delle cadute con impatti violenti.

La ricerca ha recentemente dimostrato sia nello sci sia in altri sport che la frequenza degli infortuni può essere invece notevolmente ridotta grazie a una adeguata preparazione fisica. A tal fine, in collaborazione con l'Associazione Sport Invernali Valle d'Aosta, abbiamo sviluppato nel 2016 insieme al Dott.Aprato un programma specifico per la prevenzione degli infortuni denominato ASIVA 12. Il programma prende spunto da protocolli ormai validati come l'11+, adattandolo alle caratteristiche dello sci alpino [3].

Sulla base dei risultati ottenuti con protocolli di riscaldamento in altri sport, abbiamo deciso di proporre questo programma e di promuoverlo in seno a tutti gli sci club della regione.

INTRODUZIONE
Lo sci alpino richiede diverse competenze e abilità, tra cui resistenza, agilità e velocità. Tutti questi aspetti vengono insegnati e migliorati durante le sessioni di allenamento, ma lo sci comporta anche un notevole rischio di infortuni. Così, una sessione di allenamento ottimale dovrebbe includere anche esercizi volti a ridurre il rischio di infortuni.

L'ASIVA 12 è un programma per la prevenzione degli infortuni che è stato sviluppato da un gruppo di esperti sulla base della loro esperienza pratica, maturata durante un decennio di attività come medici, allenatori o preparatori atletici.

Si tratta di un pacchetto completo di avviamento all'attività di allenamento della durata complessiva di 12 minuti.

Il periodo di riscaldamento è stato volutamente ottimizzato e ridotto ai 12 minuti in modo da esser praticato anche in fase di pre partenza durante le giornate di competizione. Purtroppo nell'attività quotidiana, e soprattutto quando gli atleti si ritrovano a competere con pettorali bassi, il tempo per

il riscaldamento non è molto, essendo compresso dal tempo tecnico di ricognizione e dall'orario di partenza del primo concorrente.

Il programma ASIVA 12 dovrebbe sostituire il consueto riscaldamento prima dell'allenamento e, come già evidenziato, prima della competizione. Ma è anche molto utile a livello amatoriale, prima di una giornata sugli sci.

Il programma di riscaldamento andrebbe preferenzialmente insegnato a secco nella fase non agonistica della stagione, in modo da facilitarne la memorizzazione, la velocità e la precisione dell'esecuzione dapprima in allenamento sulla neve e in seguito nelle giornate di competizione.

Diversi studi [3] hanno dimostrato che le squadre giovanili di calcio che utilizzano programmi strutturati di riscaldamento presentano un rischio infortuni significativamente più basso rispetto alle squadre che effettuavano un riscaldamento non protocollato.

Purtroppo gli studi sullo sci alpino riguardo a questo problema sono pochi e di non elevato valore scientifico a causa della difficoltà nell'eseguirli in condizioni sicuramente più complesse rispetto a quelle presenti in un campo da calcio. Con la collaborazione dello Sci Club Courmayeur, dalla stagione 2015/16 abbiamo incominciato a eseguire il protocollo proposto e contiamo nei prossimi anni di condurre uno studio caso controllo per valutare l'efficacia dell'ASIVA 12.

STRUTTURA DELL'ASIVA 12

L'ASIVA 12 è suddiviso in tre parti, con un totale di 11 esercizi, le tre parti possono anche non essere eseguiti in sequenza specifica.

Prima parte: esercizi di riscaldamento per gli arti inferiori, l'equilibrio, la pliometria e l'agilità.

Seconda parte: esercizi incentrati sullo sviluppo della forza del core

Terza parte: esercizi di riscaldamento per gli arti superiori

È di vitale importanza per il successo del programma l'effettuazione degli esercizi previsti mediante una tecnica corretta, prestando attenzione alla corretta postura e a un buon controllo del corpo e soprattutto dell'allineamento dall'arto inferiore. Quando eseguiti sulla neve, si raccomanda l'apertura dei ganci degli scarponi in modo da permettere un maggiore movimento della caviglia durante gli esercizi.

Gli elementi chiave per programmi utili per la prevenzione degli infortuni degli arti inferiori sono la forza del core, il controllo neuromuscolare e l'equilibrio, l'allenamento eccentrico dei muscoli posteriori della coscia, la pliometria e l'agilità.

Allenamento del core: il core rappresenta un'unità funzionale, che non include solo i muscoli del tronco (muscoli addominali e muscoli dorsali), ma anche la regione del bacino-anca. Un'ottimale stabilità del core risulta vitale per il buon funzionamento degli arti inferiori (in particolare l'articolazione del ginocchio). Gli sciatori devono possedere sufficiente forza e un controllo neuromuscolare dei muscoli del tronco per dare stabilità al core. Ci sono sempre più evidenze scientifiche che sostengono l'importante ruolo che il core svolge nella prevenzione degli infortuni sugli sci [4].

Controllo neuromuscolare ed equilibrio: il controllo neuromuscolare non rappresenta una singola entità, ma piuttosto una serie di complessi sistemi interagenti integranti differenti aspetti dell'azione muscolare (statica, dinamica, reattiva), dell'attivazione muscolare (eccentrica più che concentrica), la coordinazione (muscoli poli-articolari), la stabilizzazione, la postura, l'equilibrio e la capacità di anticipazione.

Esistono una forte evidenza empirica e una crescente consapevolezza scientifica che affermano come un appropriato allenamento neuromuscolare sport-specifico possa con efficacia prevenire infortuni al ginocchio [3]. Sulla base di queste considerazione abbiamo scelto di impostare il programma sul campo indossando il materiale tecnico che verrà utilizzato durante la competizione/allenamento.

Pliometria e agilità: sono definiti pliometrici gli esercizi che permettono al muscolo di esprimere la massima forza nel più breve tempo possibile. In molte delle attività sportive, le contrazioni muscolari eccentriche sono rapidamente seguite da contrazioni muscolari concentriche. Di conseguenza devono essere utilizzati specifici esercizi funzionali che ricalcano questo rapido cambiamento dell'azione muscolare per preparare gli atleti all'attività sport-specifica.

Lo scopo dell'allenamento pliometrico è quello di ridurre il tempo tra la fine della contrazione muscolare eccentrica e l'inizio della contrazione concentrica. Gli esercizi pliometrici forniscono la capacità di allenare schemi di movimento specifici in modo biomeccanicamente corretto, consentendo un rafforzamento di muscoli, tendini e legamenti maggiormente funzionale. Le esercitazioni pliometriche e per l'agilità si sono dimostrate particolarmente efficaci nella prevenzione delle lesioni al crociato (LCA) ma anche per gli altri infortuni del ginocchio (le più comuni negli sciatori).

Il protocollo proposto prevede anche una fase di riscaldamento degli arti superiori. Sebbene non esista una chiara evidenza a supporto dei programmi di riscaldamenti nella prevenzione delle lesioni degli arti superiori, la flessibilità delle articolazioni dell'arto superiore ha mostrato essere correlata sia a un corretto warm-up sia a un possibile effetto preventivo [5].

Un'ottimale warm-up dell'arto superiore dovrebbe quindi compor-

tare una combinazione di attività ad alta intensità per indurre il poten-
ziamento postattivazione in tutti e tre i piani di movimento, insieme a
un dinamico stiramento dei muscoli maggiormente coinvolti nel gesto
tecnico. Gli esercizi ad alto carico dovrebbero rispecchiare i movimenti
necessari durante il gesto atletico [5] e i movimenti a possibile rischio
di lesione. Nel primo caso lo sci alpino prevede l'utilizzo dei tricipiti
brachiali in fase di spinta dall'uscita dal cancelletto alle prime porte;
pertanto parte del warm-up è concentrato su questi muscoli. Per quanto riguarda la prevenzione degli infortuni si concentra su una possibile extra rotazione forzata e violenta della spalla (l'esempio classico è
un'inforcata dell'arto superiore che si infila all'interno della porta da
gigante).

Per concludere, gli atleti, gli allenatori e i preparatori atletici devono essere consapevoli dell'importanza e dell'efficacia dei programmi
di prevenzione degli infortuni.

Pur nella consapevolezza che nello sci non tutti gli infortuni possono essere evitati, pensiamo però sia possibile ridurre sensibilmente
mediante il regolare svolgimento di esercizi di prevenzione l'incidenza degli infortuni che riguardano le strutture del ginocchio, le distor-
sioni alle spalle e le lesioni da sovraccarico.

L'evidenza scientifica in altri settori sportivi ha dimostrato che l'incidenza degli infortuni è inversamente proporzionale al tempo dedicato dalle squadre alla pratica settimanale dei programmi di prevenzione degli infortuni [3].

Riteniamo che il modo più semplice per ottenere gli sperati risultati sia quello di utilizzare il programma come fase di riscaldamento e
quindi all'inizio di ogni sessione di allenamento.

DESCRIZIONE ESERCIZI

**Prima parte: esercizi di riscaldamento per gli arti inferiori, l'equi-
librio, la pliometria e l'agilità.**

Esercizio 1
Doppio impulso laterale
15 secondi (o 20 impulsi) x 2 ripetizioni. Recupero 15 secondi
Tempo totale: un minuto

Descrizione esercizio doppio impulso
Errori frequenti nel doppio impulso: perdita della coordinazione e/o dell'elasticità. Perdita del corretto asse: valgismo del ginocchio in atterraggio.

Per eseguire correttamente questo esercizio si deve rimbalzare in modo deciso sul piede; le gambe devono essere tese e si devono alzare alternativamente le ginocchia facendo dei salti laterali: i piedi toccano il suolo in modo contemporaneo, una gamba rimane in tensione mentre l'altra porta il ginocchio verso l'alto.

Esercizio 2
Mezzi squat
15 movimenti x 2 serie recupero 15 secondi. Tempo totale: 1 minuto

Descrizione esercizio
Per uno squat efficace è importante rispettare la seguente tecnica di esecuzione:

1. Contrarre gli addominali e spingere con le gambe verso l'alto
2. Posizionare i talloni a una larghezza leggermente superiore a quella delle spalle, avendo cura di ruotare le punte dei piedi verso l'esterno di circa 30°
3. Spostare leggermente indietro il bacino mettendo in tensione i muscoli

4. femorali; lentamente piegare le gambe scendendo verso il basso, senza lasciarsi cadere ma mantenendo i muscoli in tensione ed evitando movimenti laterali delle ginocchia
5. Scendere fino a quando le ginocchia non raggiungono un angolo di 40 gradi
6. Durante il movimento la schiena andrà mantenuta quanto più diritta possibile, evitando di inarcarla ma facendo attenzione a non sbilanciarsi all'indietro. L'utilizzo di un bastoncino tenuto alle estremità e fatto passare dietro il collo può migliorare l'esecuzione dell'esercizio
7. Poco prima di raggiungere la posizione di massima flessione iniziare a frenare maggiormente il movimento preparandosi per la risalita
8. Raggiunta questa posizione spingere con forza sui talloni raddrizzando le gambe ma senza estendere completamente le ginocchia
9. Durante la risalita la muscolatura delle cosce va contratta attivamente in modo che gli arti inferiori non compiano pericolosi movimenti oscillatori.

Errori frequenti
eccessiva velocità nell'esecuzione, cedimento in valgismo del ginocchio

Esercizio 3
Squat di gestione eccessiva chiusura
10 movimenti x 2 serie. Recuperp 30 secondi
Tempo totale: un minuto e mezzo
Errori frequenti: eccessiva velocità nell'esercizio, cedimento in valgismo del ginocchio.

Descrizione
Viene eseguito come l'esercizio precedente ma il livello di flessione del ginocchio aumenta senza però eccedere i 70 gradi.

Esercizio 4
Calciata posteriore
15 secondi (o 20 ripetute) per 2 serie, recupero 15 secondi.
Tempo totale 1 minuto.

Descrizione
Simulando una corsa sul posto si sollevano i talloni fino alla massima altezza raggiungibile
Errori frequenti: insufficiente ampiezza della flessione del ginocchio

Esercizio 5
Aperture laterali in abduzione e adduzione
10 ripetizioni x gamba per 2 serie Tempo totale: 1 minuto

Descrizione
In stazione eretta eseguire aperture in abduzione e adduzione senza movimenti del bacino.

Errori frequenti: movimento bacino nel tentativo di raggiungere il fine corsa, eseguire slanci e non aperture laterali.

Esercizio 6

Slanci frontali e laterali

10 movimenti frontali + 10 laterali per gamba per due serie. Tempo totale: 1 minuto.

Descrizione esercizio

Esercizio asimmetrico; in piedi (stazione eretta) busto diritto appoggiandosi sui bastoni, flessoestensione dell'anca/abduzione-adduzione, mantenendo il bacino e busto fermo. Il movimento finisce prima dello stop anatomico dell'articolazione.

Errori frequenti:

movimento del busto e del piede a terra, il bacino deve restare in asse con le gambe e il busto.

Seconda parte: esercizi incentrati sullo sviluppo della forza del core

Esercizio 7
Plank frontale isometrico
2 serie da 45 secondi, recupero 30 secondi. Tempo totale: 2,5 minuti

Descrizione
Tenere le anche troppo alte o troppo basse rispetto alle spalle. Caricare troppo il peso del corpo sulle spalle e sui gomiti invece che sull'addome.
Errori frequenti: posizione scorretta (bacino/glutei troppo alti o inarcamento della schiena) per cedimento dei muscoli addominali.
- Sdraiati supino, piega i gomiti e appoggia gli avambracci al pavimento tenendo i gomiti in linea alle spalle
- Alza il petto e raddrizza il corpo fino a formare una linea retta dalla testa ai piedi
- Sostieni il corpo e stringi al massimo i muscoli per il tempo necessario a seconda del tuo livello di allenamento

Errori frequenti nel plank:
inarcare la zona bassa della schiena. Quando il core inizia ad affaticarsi, è frequente che la parte centrale si pieghi leggermente verso il suolo, facendo uscire la schiena dall'allineamento corretto.

Esercizio 8
Plank laterale isometrico
15 secondi iso + 15 dinamici per due serie. Tempo totale: 2 minuti

Descrizione
Mettiti su un fianco e assumi la posizione di Plank laterale tenendo l'altra mano a terra. Assicurati che il corpo sia in linea retta e che la gamba superiore risulti davanti a quella inferiore. Il braccio della mano in appoggio è ben disteso con il polso perpendicolare alla spalla. Abbassa i fianchi e poi alzali in modo che il corpo ritorni in linea retta, dalla testa ai piedi. Se non riesci a rimanere in appoggio sulla mano, appoggiati sull'avambraccio tenendo il gomito allineato alla spalla.

Errori frequenti:
- Posizionare la mano o il gomito non in linea retta con la spalla
- Caricare il peso del corpo sui polsi e la spalla piuttosto che sui muscoli
- interessati

Esercizio 9
Extrarotazione delle spalle
10 movimenti,
tempo totale 20 secondi

Descrizione
In stazione eretta con gomiti flessi e appoggiati lungo il corpo extrarotazione delle spalle

Errori frequenti:
movimento troppo veloce e senza controllo della traiettoria di movimento.

Esercizio 10
Distensioni tricipiti
10 movimenti,
tempo totale 20 secondi.

Descrizione
Esercizio asimmetrico in cui il braccio fermo rimane dietro la schiena all'altezza delle scapole, l'altro braccio esegue un movimento da dietro la testa alla massima altezza raggiungibile.

Errori frequenti:
Errori frequenti:
movimento troppo veloce e senza controllo della traiettoria di movimento.

Esercizio 11

Distensioni orizzontali

10 movimenti per braccio, tempo totale 40 secondi.

Descrizione
Con i gomiti in massima flessione e spalle abdotte, facendo passare l'elastico dietro il collo, si estendono i gomiti fino ai massimi gradi di movimento.

Errori frequenti:
movimento troppo veloce e senza controllo della traiettoria di movimento.

Esercizio 11bis: negli atleti di alto livello suggeriamo di sostituire l'esercizio 11 con le
Trunk rotation
10 rotazioni per lato, tempo totale 40 secondi.

Descrizione
Tenendo l'elastico fisso a un punto (un palo o un'altra persona che lo tiene) con prese rispettivamente prona e supina delle mani (in modo da ottenere un maggior controllo sull'elastico) si ruota sull'asse longitudinale senza cambiare asse caviglia/ginocchio/bacino, si raggiunge la massima rotazione consentita e si ritorna nella posizione frontale.

Errori frequenti:
valgismo del ginocchio in direzione dell'elastico, sforzo con gli arti superiori invece dell'utilizzo dei muscoli addominali, scorretta postura lombopelvica, ritorno veloce e incontrollato.

APPENDICE

CHE COS'È ASIVA 12?

L'"ASIVA 12" è un programma di riscaldamento che ha come obiettivo quello di ridurre gli infortuni più comuni degli sciatori.

Gli esercizi sono nuovi?

La maggior parte degli esercizi non sono nuovi e molti di essi vengono utilizzati di routine come riscaldamento per altre discipline sportive. L'innovazione sta nel aver messo insieme questi esercizi in un programma semplice e attuabile, che dovrebbe sostituire il normale riscaldamento prima di ogni sessione di allenamento/competizione.

Perché sono stati scelti questi particolari esercizi?

Gli esercizi sono "basati sull'evidenza" o "la pratica più efficace". Essi sono progettati per
prevenire gli infortuni più frequenti nello sci: lesioni al ginocchio, lesioni all'inguine e alle spalle.

Quali sono gli effetti di questi esercizi? Gli esercizi portano a un rafforzamento dei muscoli del core e delle gambe e, inoltre, a un maggior controllo neuromuscolare statico, dinamico e reattivo, con un miglioramento della coordinazione, dell'equilibrio e dell'agilità.

Perché "ASIVA 12" non comprende esercizi di stretching?

La ricerca ha dimostrato che gli esercizi di stretching statico producono un effetto negativo sulla performance dei muscoli, e i risultati sugli effetti preventivi dello stretching dinamico sono inconcludenti. L'utilizzo degli esercizi di stretching non è pertanto, allo stato attuale delle conoscenze, raccomandabile all'interno di un programma di riscaldamento. Gli esercizi di stretching possono comunque essere eseguiti al termine della sessione di allenamento.

Chi deve fare "ASIVA 12"?

L'"ASIVA 12" è stato appositamente ideato per gli sciatori di entrambi i sessi senza distinzione per livello competitivo e appartenenti a una fascia di età pari o superiore ai 14 anni.

Quando gli atleti dovrebbero fare l'"ASIVA 12"?
L'"ASIVA 12" dovrebbe essere effettuato in sostituzione della fase di riscaldamento prima di ogni sessione di allenamento e prima di ogni competizione.

A che cosa gli atleti dovrebbero prestare particolare attenzione nello svolgimento degli esercizi?
Perché risulti efficace, è importante assicurarsi che ogni esercizio venga svolto con precisione, esattamente come descritto in questo manuale. Idealmente, l'allenatore dovrebbe supervisionare l'esecuzione degli esercizi e correggere gli atleti, se necessario.

Quanto tempo ci vuole per fare "ASIVA 12"?
Un volta acquisita famigliarità con il programma, 12 minuti in totale.

VADEMECUM ASIVA 12

Esercizio RipetizioniRecupero Tempo (secondi) (minuti)

	1	Doppio impulso laterale	15 secondi x 2 ripetizioni.	15	1
	2	Mezzi squat	15 movimenti x 2 serie	15	1
	3	Squat di gestione eccessiva chiusura	10 movimenti x 2 serie	30	1.5
Arti inferiori	4	Calciata posteriore	15 secondi per 2 serie	15	1
	5	Aperture laterali in abduzione e adduzione	10 rip x gamba per 2 serie	/	1
	6	Slanci frontali/laterali	10 movimenti frontali+10 lat per gamba x 2 serie	/	1
Core	7	Plank frontale isometrico	2 serie da 45 secondi minuto recupero 30 sec.	30	2.5
	8	Plank laterale isometrico	15 sec iso+ 15 dinamici per due serie	/	2
Arti superiori	9	Extrarotazione delle spalle	10 movimenti	/	0.2
	10	Distensioni tricipiti	10 movimenti	/	0.2
	11	Distensioni orizzontali	10 movimenti per braccio	/	0.6

145

Esercizio alternativo all'11: negli atleti di alto livello rotazioni con elastico (10/15 rotazioni per lato=40 secondi) trunk rotation.

ESERCIZIO AVANZATO
PER IL RISCALDAMENTO IN PISTA

OVERHEAD SQUAT

L'overhead squat serve a rafforzare la mobilità di tutta la catena muscolare posteriore, cioè a coinvolgere principalmente nel movimento sia eccentrico sia concentrico il gluteo, il femorale, il bacino, i muscoli adduttori e la zona lombare.

L'overhead squat richiede maggior precisione e flessibilità.

Durante questo esercizio in versione auxotonica terremo l'elastico sopra la testa. L'obbiettivo è mantenere l'elastico, nella posizione di distensione finale, in linea con spalle, bacino e ginocchia; sia durante la fase concentrica sia durante quella eccentrica.

Le spalle vanno anzitutto tenute basse, il braccio è completamente steso e rivolto verso l'alto. Il polso deve essere girato e deve gestire la tensione dell'elastico. Questa posizione va mantenuta per tutto il movimento, così anche da mantenere il controllo totale dell'elastico e delle traiettorie.

Errori frequenti: eccessiva velocità nell'esercizio, cedimento in valgismo del ginocchio. L'elastico non viene teso nella giusta gestione dell'asse, con un cedimento in avanti del busto. Nel guidare le traiettorie, controllando il ritorno dell'elastico, uno spostamento scorretto del ginocchio in avanti, oltre la punta degli scarponi.

MOBILITÀ

La mobilità articolare, o anche flessibilità, "è la capacità, di una o di un insieme di articolazioni, di muoversi liberamente per tutto il proprio range di mobilità".

Dal punto di vista dell'atleta, rappresenta una qualità molto importante per uno sciatore; essa contribuisce infatti a mantenere una corretta postura, a migliorare le performances sportive e alla prevenzione degli infortuni. La flessibilità ha benefici su muscoli, tendini, articolazioni e legamenti creando un equilibrio fisico. Un corpo flessibile è meno propenso a traumi e lesioni, e più predisposto a dare una performance migliore.

L'allungamento dei muscoli aiuta il recupero tra una sessione di allenamento e l'altra; così come l'utilizzo dei rulli per i trigger point.

I fattori che influenzano la flessibilità sono molteplici: la struttura anatomica dell'articolazione, i fattori fisiologici come sesso, età, temperatura atmosferica, stanchezza e condizione psicofisica.

Esistono alcuni fattori che determinano le caratteristiche della mobilità durante la prestazione sportiva. Alcuni elementi influiscono in maniera positiva sulla mobilità articolare come un adeguato warm-up, un'attivazione motoria di prima mattina e i corretti esercizi di riscaldamento, così come un atteggiamento mentale preparato al gesto atletico. Alcuni elementi, invece, hanno un'influenza negativa sulla capacità di flessibilità dell'atleta: ovviamente la mancanza di riscaldamento, un clima esterno freddo (come avviene in quasi tutti gli allenamenti e competizioni sulla neve).

Così come la prestazione sportiva nelle prime ore della mattina. Guarda caso lo sci alpino è fortemente contraddistinto da allenamenti e gare in mattinata, spesso anche molto presto e con temperature sotto lo zero. I fattori che sicuramente peggiorano in maniera più significativa la mobilità articolare sono la stanchezza e l'overtraining. Situazioni che, come visto precedentemente, bisogna cercare di evitare per l'atleta.

La crescita atletica di uno sciatore deve tenere conto di un equilibrio tra flessibilità e forza, allenando continuamente entrambe le capacità fisiche dell'atleta. Miglioreremo la flessibilità con una combinazione di esercizi attivi e passivi, dopo aver svolto un adeguato warm up.

Come per la forza, anche la mobilità va continuamente allenata con gli esercizi più indicati, altrimenti c'è il rischio di perdere la flessibilità acquisita.

La mobilità va allenata sia in età giovanile, che in età adulta.

In periodo giovanile è fondamentale aumentare le capacità di mobilità articolari con la pratica continua e progressiva, anche perché in età giovanile si è generalmente più flessibili e maggiormente predisposti a miglioramenti significativi. In età adulta e invecchiando è molto importante proseguire con costanza nel mantenimento della flessibilità per mantenere al meglio le performance sportive, così come il corretto equilibrio tra lo sviluppo muscolare e il giusto grado di mobilità articolare. Le parti del corpo che ne beneficiano di più sono schiena e gambe, maggiormente sollecitate proprio nello sci alpino, oltre che nel mantenimento di una postura corretta riducendo anche i dolori da microtraumi causati nelle performance sulla neve.

Lo stretching statico aumenta la flessibilità della muscolatura. Per uno stretching efficace serve mantenere la posizione per circa 30/45 secondi. Durante la distensione della parte interessata, respirare allungando il ritmo dell'espirazione, mantenendo la posizione d'allungamento.

Lo stretching statico prende spunto dallo yoga. La pratica dello yoga aiuta l'allungamento dei muscoli e migliora la flessibilità. Molti atleti a livello agonistico e professionisti hanno inserito posizioni di yoga nell'allenamento regolare per migliorare la propria flessibilità.

Molto utile è anche lo stretching isometrico, (PNF, CRAC) che è praticabile solo dopo un adeguato riscaldamento e spesso va eseguito con l'aiuto di un compagno. Si arriva al massimo allungamento del muscolo in modo graduale e dolcemente; si esegue una contrazione isometrica per circa 20 secondi, dopodiché si rilassa il muscolo contratto in maniera isometrica per circa 5/10 secondi; si allunga nuovamente il muscolo (contratto precedentemente) per almeno 30 secondi. L'intero esercizio è da ripetersi per più ripetizioni.

RULLO TRIGGER POINT – FOAM ROLLER

L'utilizzo dei rulli trigger point offre vantaggi quali riduzione dei dolori muscolari e articolari, maggiore circolazione e flessibilità.

Con un automassaggio muscolare, utile soprattutto durante la stagione invernale con continui viaggi e spostamenti.

I diversi modelli di foam roller si possono differenziare per tipologia di superficie, durezza e dimensioni. La scelta andrebbe fatta a seconda della parte muscolare da trattare e delle proprie esigenze. Consiglio di averne di diverse durezze e dimensioni. Il suo utilizzo serve a migliorare la flessibilità e la mobilità articolare.

Il rullo per i trigger point viene impiegato come valido supporto per il rilassamento muscolare e come strumento per la riattivazione della circolazione. Se utilizzato in maniera continua, rispettando la correttezza del gesto tecnico, il foam roller consente di sopperire temporaneamente (senza sostituirli) alla mancanza di massaggi professionali, quando per questioni di tempo/logistiche e di budget non è possibile farsi trattare da un professionista costantemente.

Davvero molto utile in fase di allenamento intenso, sia atletico sia sciistico. Importante farlo rientrare nella routine giornaliera dell'atleta.

È chiaro che un lavoro continuo e costante con il proprio fisioterapista di fiducia è la soluzione migliore per monitorare costantemente lo stato muscolare, posturale e articolare dell'atleta.

Un regolare feedback tra allenatore, preparatore atletico e fisioterapista è la soluzione migliore per un lavoro di equipe a 360° per l'atleta. L'occhio esperto e la professionalità del fisioterapista sono di grande supporto per la progressione armonica dello svolgimento di una crescita atletica nello sciatore.

Piano A e Piano B

Un buon coach deve avere sempre preparato un Piano B per ogni allenamento perché, nonostante il Piano A del programma corrisponda alla pianificazione originaria del training, il Piano B permette di svolgere ottimi allenamenti a secco, nonostante i possibili imprevisti che possono avvenire nella quotidianità dei training.

Un atleta con forti mialgie muscolari o con infiammazioni articolari spesso non potrà eseguire un allenamento come da programma.
Allenare la forza o la potenza risulta difficile, se non contropro-
ducente, in un atleta che presenta forti Doms. Per non parlare di un
allenamento sugli sprint. Con l'allievo in presenza di forti mialgie, si
rischierebbe una contrattura o peggio uno strappo muscolare. Non
forzare a tutti i costi un tipo di allenamento. Il Piano B non è un
ripiego, ma bensì la soluzione migliore, preparata con anticipo, per
svolgere la miglior giornata di allenamento provando a prevedere i
possibili imprevisti.

Non lasciare quindi al caso o alla fortuna il buon svolgimento di
una seduta di training perché, come scrisse Seneca, la fortuna si comporta in modo casuale. Non possiamo quindi basare la programmazione sul caso.

Prepararsi, dunque, a cambiare il tipo di training: ad esempio con
delle esercitazioni di core stability o di mobilità. Sta alla bravura ed
esperienza del coach "salvare" una giornata di training, invertendo
la rotta dal Piano A al Piano B senza perdere del tempo utile. È necessario quindi ascoltare il feedback giornaliero dell'atleta per com-
prenderne lo stato psicofisico e quindi la predisposizione o meno a
svolgere alla massima intensità l'allenamento quotidiano. Forzare un
atleta a "trascinarsi" in un determinato training senza la giusta intensità ed energia non produrrà nessun transfer positivo diretto sullo sport
specifico in pista.

Allenamento in quota

Una cosa è certa: la maggior parte dell'allenamento atletico a secco avviene a una quota differente rispetto alla performance dello sci
alpino in pista.

Nella maggior parte degli sport non è cosi. Anzi, vengono organiz-
zati allenamenti in quota in fase di training prima della stagione agonistica, proprio per sfruttarne i benefici per la competizione. Esistono
tantissimi studi a riguardo. Spesso in contraddizione o disaccordo tra
loro. Sappiamo però che esistono elementi positivi e negativi sugli allenamenti in quota. Tenendo conto di questi possiamo programmare
ancora meglio la preparazione atletica.

ELEMENTI FAVOREVOLI

Miglioramento del trasporto di ossigeno ai tessuti, poiché avviene un adattamento ematologico con l'aumento dell'eritropoietina e quindi un aumento di trasporto di ossigeno ai tessuti.

ELEMENTI SFAVOREVOLI

Un eccessivo e prolungato allenamento in quota produce una riduzione del VO2max, che andrà quindi allenato e monitorato durante l'arco della fase di preparazione atletica e di quella sciistica.

Capitolo 7

Aspetto mentale

Come mental coach certificato mi sono reso conto di quanto sia sempre più importante l'aspetto mentale dell'atleta. Ho sempre pensato che, quando ogni risorsa atletica e mentale è ben focalizzata, il potere di centrare gli obiettivi si moltiplica a dismisura.

Il gioco interiore

"Il rivale che si ha dentro la propria testa è più spaventoso di quello che si trova nella realtà" – Timothy Gallwey.

Nella mente dello sciatore possono comparire pensieri negativi che portano a una distrazione del soggetto prima, durante e dopo la performance, influendo in maniera negativa sulla sciata. Lo sci alpino è uno sport dove la performance si costruisce frazione di secondo su frazione di secondo per poco più di un minuto ad altissima intensità, e dove il focus deve essere chiaro e totale senza distrazioni esterne... ma soprattutto interne!

Gallwey propone la visione dell'atleta, come due soggetti separati: il Self 1 e il Self 2.

Il Self 1 è il narratore interno, cioè quella parte che "ci parla"; invece il Self 2 è l'atleta che compie la performance.

Quindi il Self 2 è l'atleta che sa sciare, mentre il Self 1 è il soggetto che lo giudica, lo influenza e lo distrae.

Il Self 1, interferendo durante la performance (spesso anche prima e dopo la discesa stessa), crea dubbi, paure, sconcentrazione, precludendo la miglior performance possibile per un determinato atleta.

L'atleta che si appresta a una prova tra i pali non dovrà essere distratto dal Self 1 con interferenze quali: "Sono abbastanza veloce?", "Arriverò bene o male?", "Cosa pensa chi mi sta guardando ?" (es: genitori, amici, coach), "Ho fatto male la ricognizione", "Non mi ricordo il tracciato", "Sono andato fuori linea le porte precedenti. Mi succederà anche sulle prossime?" e così via, con infiniti dubbi, paure e giudizi autoinflitti, che porteranno solamente una perdita di focus su quella che invece è l'azione motoria necessaria per esprimere al meglio la performance dell'atleta con la tecnica e la preparazione atletica di cui dispone in quello specifico momento. Un'interferenza del Self 1 porta a una distorsione della percezione, provocando una sequenza negativa a cascata sui risultati stessi.

La concentrazione, il focus sul target d'azione e un Self 2 protagonista nell'azione sportiva vanno allenati giorno per giorno, prova su prova, allenamento dopo allenamento, fino a farli diventare potenti e positive abitudini! La forza delle buone abitudini è incredibilmente efficace.

Il performance coach ha tra i suoi obiettivi quello di mantenere alta la motivazione dell'atleta (nota bene: la motivazione forte e duratura deve nascere all'interno dell'atleta stesso) guidandolo nel massimo sviluppo del suo potenziale sportivo. Nella scelta degli obiettivi, questi devono essere realistici. Nella visione del raggiungimento di un obiettivo, è sicuramente preferibile il superarlo rispetto al non avvicinarglisi nemmeno. Questo non significa assolutamente accontentarsi o scegliere obiettivi poco ambiziosi, ma scegliere il target avendo molto ben presenti gli strumenti che si possiedono nel momento in cui si concordano gli obiettivi.

Il potenziale di un atleta è il migliore possibile solamente se in fase di gara si ottiene il massimo risultato per quell'atleta in un determinato momento. Per ottenere questo livello di performance la concentrazione deve essere assoluta e il controllo delle distrazioni esterne e interne gestito durante le prove in allenamento e soprattutto in gara. È necessario allenare quotidianamente questo focus di attenzione sia in allenamento a secco sia sugli sci, per poter pensare di poter gestire con la stessa concentrazione anche la gara, dove le pressioni emotive sono maggiori e il gioco interiore più intenso. La lucidità dell'atleta permetterà a quest'ultimo di esprimere la sua miglior performance. Questo stato di lucidità deve essere però allenato in ogni fase della preparazione a secco, così come sugli sci. Altrimenti il giorno della gara l'atleta proverà a fare qualcosa a cui non si è allenato.

L'allenamento della concentrazione per liberare il pensiero da un gioco interiore negativo e distrattivo parte da ogni singolo allenamento, ogni singola prova, ogni curva. Il gesto sportivo nello sci alpino è talmente rapido e veloce, che non possiamo permetterci di lasciare spazio al disturbo del Self 1. Lo possiamo allenare anche nel training atletico dove, negli esercizi ad altissima velocità di contrazione muscolare o nei lavori combinati con difficili disequilibri da gestire, la concentrazione dell'atleta deve essere totale.

L'allievo inoltre dovrà allenarsi e concentrarsi a migliorare le parti della performance che sono sotto il suo diretto controllo e non ciò che non dipende da lui.

Ogni atleta deve essere seguito per farlo migliorare e progredire su tre aspetti fondamentali: la tecnica, le capacità condizionali/coordinative e l'atteggiamento mentale.

Il mental coach aiuterà a definire insieme all'atleta gli obiettivi di quest'ultimo sulla base dei tre aspetti importanti da migliorare. Quindi si andranno a concordare gli obiettivi sulla tecnica, sul miglioramento atletico e mentale. Questi obiettivi saranno fissati sulla base del modello SMART.

L'obiettivo deve essere:
S – specifico
M – misurabile
A – concordato tra atleta e coach (agreed)
R – realistico
T – stabilito nel tempo

Il coach e l'atleta dovranno definire con precisione l'obiettivo di performance, ben definito in uno spazio temporale.

È l'atleta che decide il proprio obiettivo! Non è il coach che impone dalla sua posizione un traguardo non scelto e desiderato dall'atleta.

Sia che si tratti di un obiettivo finale, dove certe variabili esterne influiscono sul risultato finale, ad esempio gli avversari; sia che si tratti di un obiettivo di performance realistico e misurabile, sarà l'atleta a scegliere con motivazione e coerenza gli obiettivi. L'atleta deve sentirsi il protagonista assoluto nel conquistare il suo obiettivo. Il coach però aiuterà lo sciatore a descrivere e definire l'obiettivo rimanendo nei parametri del modello SMART. Così come supporterà l'atleta nel percorso di raggiungimento degli obiettivi sui tre aspetti che si vorranno migliorare in termini di performance: tecnica, condizione atletica e concentrazione mentale. Ogni obiettivo scelto dall'atleta in questi tre aspetti fondamentali non è ammissibile se non rientra nei parametri del modello SMART. Se un obiettivo non viene definito nel dettaglio, non lo si può sviluppare con la giusta precisione. Il coach e l'atleta devono ricordarsi di perseguire l'obiettivo e i sotto-obiettivi tenendo conto delle 3D: decisione, disciplina e determinazione, sia con risultati positivi sia negativi durante il percorso di crescita agonista dell'allievo.

Ovviamente esistono gli imprevisti e gli ostacoli, durante un percorso. Ma proprio per questo esistono i Piani B e i coach preparati. Ci sono ostacoli esterni oggettivi, come avversari e atleti più preparati. Qui l'atleta dovrà allora prepararsi maggiormente e nella giusta direzione, sotto la supervisione del performance coach, per provare a colmare questo gap di performance.

Ma è sugli ostacoli interni che ora ci concentriamo.

Supposizioni senza un reale fondamento, paure pregresse, esperienze negative legate alla sconfitta o a traumi e incidenti accaduti in pista possono precludere la miglior performance di un atleta in un determinato momento della sua crescita agonistica.

Tutte queste distrazioni provenienti dal Self 1 possono interferire con la discesa dello sciatore e la sua miglior sciata. Quindi il Self 2 prenderà le redini della situazione per focalizzare la discesa sui gesti da compiere per esprimere la miglior curva, la miglior traiettoria e la scorrevolezza maggiore per incrementare la velocità. L'atleta è il protagonista assoluto della sua discesa, ha raggiunto fin lì un certo livello tecnico, atletico e può esprimerlo al meglio focalizzando la sua attenzione su ciò che c'è da fare, frazione di secondo dopo frazione di secondo, centimetro dopo centimetro, un palo alla volta, una curva dopo l'altra, fino alla conclusione della sua discesa o della sua gara. Tutti gli altri pensieri, autogiudizi, paure e incertezze non potranno far parte del pensiero dell'atleta durante la sua performance.

La gara, come la prova d'allenamento, è talmente veloce, tecnica, intensa che non si può concedere spazio al Self 1, mentre si scende a quasi 100 chilometri orari su un piano inclinato e ghiacciato. Questo tipo di focus e concentrazione deve essere allenato in pista, a ogni allenamento, a ogni prova, a ogni curva, per poterlo riproporre anche in un giorno di gara. Una volta scelto l'obiettivo (scelto dall'atleta, e definito secondo il modello SMART), si dovrà definire il piano d'azione per raggiungerlo. Qui il performance coach con la sua esperienza programmerà l'aspetto tecnico di progressione dello sciatore, il giusto allenamento per il raggiungimento del traguardo atletico deciso e la costante esercitazione del focus mentale, per estraniare il Self 1 durante la performance.

Scelto l'obiettivo, lo si andrà a dividere in sotto-obiettivi davvero minuziosi e dettagliati, misurabili dal punto di vista delle tempistiche e della realizzabilità. Cosi facendo il coach e l'atleta ne potranno monitorare i progressi. Il coach consiglierà allo sciatore le azioni giuste da compiere per migliorare e realizzare gli obiettivi di tecnica, performance atletica e focus mentale. L'atleta deve capire quanto è motivato nel compiere queste azioni o cosa gli impedisce di volersi allenare in questa direzione. Ad esempio scuse, paure e cattive abitudini.

Durante il percorso di crescita tecnica, atletica e concentrazione mentale, l'atleta incapperà in insuccessi o performance sotto le sue aspettative. Niente panico… è normale, il coach aiuterà l'allievo a capire cosa sta funzionando bene, e cosa no. Se è necessario ridefinire gli obiettivi, allungare i tempi previsti in precedenza per il raggiungimento del target e dove intervenire per migliorare l'ottimizzazione del raggiungimento di ogni sub-obiettivo.

Anche nella gestione di un eventuale insuccesso, il coach porterà l'allievo a ragionare sui fattori dell'insuccesso che sono dipesi dall'atleta e su quelli che invece sono fattori esterni non controllabili. In modo da intervenire con una riposta pratica al raggiungimento di un miglioramento della performance.

Quindi, accertata l'incertezza del risultato agonistico, valutare in maniera organizzata una programmazione sciistica e atletica migliore, ridefinendo dove necessario gli obiettivi realistici; lasciando da parte il peso morto composto da paure, pigrizia e interferenze mentali autosuggestionate.

Il desiderio di una performance migliore deve necessariamente partire dall'iniziativa di un percorso ottimale. L'incertezza di un metodo che in passato non ha funzionato deve portare l'atleta verso l'opportunità di intraprendere un nuovo percorso monitorabile più propenso alla performance.

Per ottenere ciò che non hai mai ottenuto, devi incominciare a fare ciò che non hai mai fatto.

Il clima positivo dell'allenamento è un fattore davvero importante per far migliorare l'atleta sotto ogni punto di vista.

Ogni sessione di training sulla neve o a secco, ogni prova in pista o serie in palestra, deve essere stimolante, una sfida positiva per l'allievo.

Il performance coach deve ricordare all'atleta le capacità personali di quest'ultimo, le abilità e le esperienze positive di altre sessioni d'allenamento o gare che hanno prodotto risultati eccellenti. Si parte dalle sensazioni positive, per poi incrementare le difficoltà di richiesta sulla neve e sulla parte atletica. Ricordiamo all'atleta i suoi ottimi skills o le bellissime sensazioni provate dopo una sequenza di curve fluide e veloci, come i suoi miglioramenti atletici; quando gli ostacoli o le difficoltà faranno sembrare gli obiettivi un po' più lontani. Una richiesta di allenamenti più difficili o impegnativi, proposti dal coach, dovrà essere sinergica a una comunicazione verbale e non verbale positiva.

Sci estremo e ripido

Nella mia esperienza di sci ripido e di sci estremo ho compreso che, nella stessa maniera con cui ci si prepara all'agonismo dello sci alpino (versione race di questo sport), non si deve lasciare solo al caso la performance su pendii oltre i 55° di pendenza e su terreni d'avventura. Senza soffermarci sull'aspetto di allenamento dell'endurance in alta montagna, necessaria per l'avvicinamento e il raggiungimento delle cime da cui scendere, le capacità condizionali e coordinative da allenare sono le medesime o comunque molto simili a quelle richieste per lo sci alpino.

ELEMENTI CHIAVE CAPACITÀ CONDIZIONALI/COORDINATIVE
Ottime capacità coordinative e di equilibrio sono fortemente necessarie su pendii , dove il minimo errore può costare molto caro.

La capacità di "sentire" sotto i propri piedi come variano la pendenza o la consistenza della neve su terreni d'avventura è una capacità importante per affrontare con margine pareti verticali con gli sci.

Cosi come una solidità e stabilità del core permettono di tenere i piedi sempre sotto il baricentro, evitando arretramenti e disequilibri davvero poco funzionali allo sci estremo.

Ottimi livelli di forza, potenza e resistenza alla forza permettono di eseguire curve saltate e curve chiuse senza mai prendere velocità, controllando la rapidità di discesa sul ripido, caratteristica essenziale dello sci estremo in alta montagna.

Come lo sci alpino è uno sport di adattamento, cosi lo sci estremo e ripido sono specialità estremamente ricche di variabili e a ogni curva e cambio di direzione bisogna ritrovare un assestamento dei disequilibri innescati a ogni curva saltata. Proprio per questi motivi, gli esercizi proposti in questo libro sono assolutamente adatti anche alla preparazione fisica per lo sci estremo/ripido. Soprattutto tutti quegli esercizi legati all'allenamento del core, dell'equilibrio e gli esercizi multifunzionali e combinati.

ASPETTO MENTALE

Nello sci estremo l'aspetto mentale è davvero fondamentale!

Nello sci alpino abbiamo trattato precedentemente gli aspetti mentali più significativi riguardanti la performance, la ricerca del risultato, la gestione della pressione o della sconfitta e la definizione degli obiettivi.

Nello sci estremo la posta in gioco si alza maggiormente. D'accordo: non si vincono medaglie o coppe, ma si mette in gioco la propria vita.

La concentrazione deve essere assoluta e si devono azzerare le interferenze durante tutta la discesa e il gesto tecnico. La paura ci mantiene vigili, ma non deve prendere il sopravvento nel controllo della nostra mente, focalizzata solamente a ciò che bisogna fare per sciare su un pendio oltre i 55 gradi di pendenza.

Spesso è la prima curva la più difficile da fare. L'occhio trasmette al cervello quella sensazione di vuoto verticale, che caratterizza le pareti più ripide. Ma curva dopo curva, controllando con margine la velocità e la posizione del baricentro sopra gli sci, si affrontano pendii che visti dalla cima o dal basso possono davvero incutere timore e rispetto. La mente deve essere concentrata solo a eseguire una curva dopo l'altra, "sentendo" il tipo di terreno/neve che si trova sotto i piedi. Il corpo si muoverà, coordinando l'azione delle gambe con la sincronizzazione della parte alta.

Nessun pensiero a cosa può succedere di spiacevole, nessuna esitazione sulla possibilità di errore.

Ogni senso attivo nella gestione di una curva dopo l'altra. Fino in fondo. Lo sci estremo accetta di per sé i pericoli oggettivi legati a questa pratica e all'alpinismo. Proprio per questo l'allenamento fisico e mentale deve essere il migliore possibile per non "importare" nella discesa deficit che si potevano evitare o migliorare.

TRANSFER ALLENAMENTO – SPORT SPECIFICO SCI D'AMBIENTE SU TERRENI D'AVVENTURA

Oltre all'esperienza e alla pratica dello sci ripido, una corretta preparazione atletica e mentale permette di avere un transfer diretto nelle discese su pendii ripidi ed estremi in alta montagna.

Come detto in precedenza, gli esercizi combinati sono utilizzati per lo sviluppo della forza nelle sue diverse forme e per avere un efficace transfer nello sci alpino. Quindi lo sviluppo della forza deve essere accompagnato da un miglioramento dei muscoli stabilizzatori. Il metodo migliore per aumentare la forza dei muscoli stabilizzatori e fissatori è quello di ricreare esercitazioni in cui viene richiesto uno sforzo atletico in forte disequilibrio, integrato a una esercitazione portata alla massima accelerazione e frequenza. Questo ci porterà ad avere un visibile miglioramento nella curva saltata e il controllo della velocità nelle sequenze di curve sul ripido.

Un maggior lavoro in disequilibrio, con il miglioramento dei muscoli stabilizzatori, permette un miglior transfer atletico sui pendii ripidi, con una capacità di gestione dell'asse caviglia-ginocchio-bacino più funzionale al gesto tecnico.

Esercitazioni monopodaliche e bipodaliche in presenza di disequilibri come bosu, fitball, slack line, pedane basculanti, cuscinetti e tavolette possono incrementare notevolmente le abilità motorie e il controllo dei muscoli stabilizzatori e la muscolatura più profonda.

La gestione di questi disequilibri, in presenza di carichi di lavoro, permette in tempi brevi di ottenere grandi benefici nella performance nello sci ripido ed estremo.

PREPARAZIONE SPECIFICA

Nel corso della mia esperienza nello sci estremo, ho utilizzato questo metodo di lavoro importandolo dal training atletico dello sci Alpino, integrandolo con un sufficiente lavoro di endurance e di allenamenti in alta quota. E proprio qui nelle Alpi ho effettuato discese di livello, cimentandomi in ripetizioni di grande classiche discese di sci estremo: dallo Sperone della Brenva sul Monte Bianco alla parete Nord dell'Lyskamm, il Couloir du Diable Macho, la parete Nord della Tour Ronde o la parete Nord del Grand Paradiso per citarne alcuni.

Discesa dopo discesa, esperienza dopo esperienza, mi rendevo conto che dal punto di vista atletico riuscivo sempre ad affrontare queste pareti, con notevole margine, in modo da escludere un deficit atletico e condizionale su discese già di per sé difficili e con pericoli oggettivi.

Capitolo 8

Spedizioni di sci estremo

Esperienze himalayane

Gli allenamenti in montagna, l'esperienza accumulata nello sci estremo, l'allenamento a secco e il controllo dell'aspetto mentale sottoposto a fatica e tensione mi hanno dato grande slancio e motivazione per tentare una spedizione himalayana nel 2013, dopo quella intrapresa nel 2002. Riporto il resoconto dell'avventura pubblicata nel libro *Lhotse "Ice Fall" – Il successo di una sconfitta* (Tipografia valdostana 2014)

Il Lhotse, con i suoi 8516 mt di altezza è la quarta montagna più alta della terra e si chiama (cima sud) così per la sua posizione geografica a meridione rispetto all'Everest.

Il 18 maggio del 1956 fu scalato per la prima volta da una spedizione svizzera, guidata da Albert Eggler. Contemporaneamente alla prima ascensione al Lhotse, il gruppo effettuò la seconda ascensione dell'Everest, un'impresa da ricordare.

Sul lungo confine che divide il Tibet dal Nepal, il Lhotse rappresenta ancora per gli alpinisti una cima mitica. Più difficile tecnicamente del vicino Everest, " Dea Madre della Terra", il Lhotse mette a dura prova gli alpinisti che vorrebbero raggiungerne la cima; pochi sono stati quelli che hanno avuto il privilegio di conquistarne la vetta.

L'obiettivo del Team "Lhotse Ski Challenge" composto da Edmond Joyeusaz e Federico Colli è di scalare la parete Nepalese per ridiscendere sullo stesso itinerario sci ai piedi.

Fino ad ora sola una spedizione americana nel 2010 aveva tentato

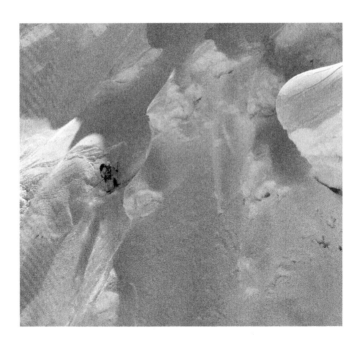

l'impresa senza riuscirci. Si tratta di una sfida difficile in un ambiente severo, con le insidie dell'alta quota e pendii ripidi che raggiungono i 55°. Nel lungo canalone che dalla sommità precipita per 500 mt di dislivello di quota, si concentrano le difficoltà più insidiose ,che in quel contesto, sono da considerare estreme.

Una prima assoluta e senza l'ausilio di ossigeno supplementare e corde fisse, in modo da operare nel rispetto della natura in puro stile "Clean Climbing".

Infine Nel 2018 H. Nelson e J. Morrison sono finalmente riusciti a sciare il Lhotse sfruttando al meglio il meteo favorevole, dopo il nostro tentativo del 2013.

Una prima italiana: la discesa con gli sci dall'Ice Fall tra Everest e Lhotse

10 ottobre 2013

Il meteo avverso rischia di compromettere l'obiettivo della spedizione. Ma non voglio andare via senza prima aver usato gli sci. Ho ancora un asso nella manica da giocarmi! Con la scusa che dobbiamo ancora smontare il campo1 portando giù la tenda con l'aiuto dei due sherpa decido che sarà la prima discesa italiana con gli sci nell'Ice Fall (la seconda assoluta mondiale) partendo da quota 6100 mt, il premio di consolazione che voglio prendermi! Prima di me il 7 ottobre del 2000 lo sloveno Davo Karnicar ha sciato l'Ice Fall e nella stessa occasione è stato anche il primo uomo a sciare dalla cima dell'Everest. Anche lui come me è un maestro di sci e arrivare secondo solamente dietro a chi ha sciato dal tetto del mondo non è certo un disonore.

Parto alle 6:35 di un bel mattino con il cielo blu, solamente si sente un continuo ma flebile vento da nord, freddo ma non così fastidioso.

La strada la conosco ormai bene nel labirinto di ghiaccio e mi sento in gran forma e salgo di buon passo da solo in mezzo all' Ice FAll. Avanzando noto come i crepacci si sono allargati decisamente dall'ultima salita; e dove prima bastava un passo lungo, ora ci vuole un balzo con la rincorsa. Nella parte centrale dell'Ice Fall, la più pericolosa, zona che in gergo gli sherpa chiamano Pop Corn (per il fatto che i crepacci saltano come il conosciuto snack scoppiettante). Attraversare queste voragini profonde di ghiaccio fa paura.

Arrivo infine in cima al campo 1 alle 10:23 di mattina, una quindicina di minuti dopo l'arrivo dei due nostri sherpa, mai cosi veloce ero salito. Con l'aiuto dei due sherpa smonto la tenda e recuperiamo l'attrezzatura. Per curiosità avanzo una ventina di metri nella traccia dei coreani che dal campo 1 va al campo 2 ma la neve è ancora molto alta

e la crosta superficiale non porta; e anche loro con la neve quasi alla vita si sono spostati di soli 300 mt in 2 settimane. Con i miei occhi mi rendo conto anche della quantità di neve presente sui pendii laterali alla valle del silenzio e sulla parete del Lhotse che dovremmo salire. Troppa neve e grossi accumuli sotto vento pronti a staccarsi solo nel guardarli! Mentre ammiro una valanga scendere giù dal Nuptse, Messi gli sci incomincia la discesa nell'Ice Fall; la prima parete è molto ripida, almeno 50°/55° di pendenza e con le condizioni di neve molto crostosa, non è per niente facile e devo fare appello a tutto il mestiere per evitare spiacevoli imprevisti.

Continuando la mia discesa arrivo ad uno dei crepacci che fino ad oggi era piccolissimo, ma ora è largo circa un metro e mezzo. Decido di saltarlo avendo dalla mia parte la pendenza e la velocità sufficiente La parte finale dell'Ice Fall con meno pericoli la scio godendomi anche il panorama e il bel sole caldo, lasciandomi alle spalle quel mortale labirinto di ghiaccio. Rispetto allo sloveno che superò l'Ice Fall tutto sulla sinistra, io ho preferito sciare una nuova linea in centro all'Ice Fall, più diretta ma anche maggiormente "crepacciata". La parte sinistra, in questi giorni, ritengo sia un pendio troppo esposto a valanghe.

Il ritorno sotto il sole cuocente dalla fine del ghiacciaio fino al campo base è sempre noioso e faticoso in quella interminabile pietraia. La seconda discesa assoluta dell'Ice Fall è fatta e sono felice!

Le mie conclusioni:

Siamo stati una squadra fin dall'inizio e come tale abbiamo affrontato tutte le difficoltà e gli imprevisti che ci si sono posti di fronte. Abbiamo dovuto riparare il motore del generatore (2 volte!), abbiamo dovuto trovare la via dell'Ice Fall in stile alpino e dover fare noi per primi la traccia nella neve profonda. Non piede umano vi era più passato dalla scorsa primavera.

Dopo il primo ammutinamento dei due sherpa siamo dovuti salire con gli zaini carichi di attrezzatura, come abbiamo dovuto rifarlo più volte dopo la ritirata dei secondi 2 sherpa.

Zaini stracarichi per poter attrezzare tutti i campi alti, nonostante la neve fresca fino alle ginocchia.

Da quando siamo arrivati il 1 settembre i giorni di bel tempo si contano sulle dita di una mano e non su due; ed ogni volta che abbiamo sfruttato le piccole finestre di bel tempo mattutino per arrivare al campo, regolarmente da metà pomeriggio e per tutta la notte nevicava e al mattino c'erano sempre 30-40 cm di neve fresca da affrontare; e a queste quote con tutta quella neve gli zaini pesanti è come provare a muoversi nelle sabbie mobili.

Ognuno di noi ha messo a disposizione della squadra le proprie caratteristiche e le proprie forze: Edmond ha trovato con esperienza la via migliore nell'Ice Fall e reso sempre sicura la discesa nei punti più tecnici, io ho dovuto tirare fuori i "cavalli del motore" quando la traccia nella neve profonda sulle non banali pendenze diventava davvero cosa dura. I nostri eventuali successi qui sono indissolubilmente legati al gioco di squadra.

La settimana di brutto tempo e copiose nevicate continue, seguita da 5 gg di fortissimo vento da nord ha creato un altissimo pericolo valanghe a causa delle gonfie sottovento, soprattutto in pareti come quella del Lhotse che avremmo dovuto salire. Metri e metri di neve depositata dal vento sulla nostra via. Contro un meteo così avverso, non potevamo farci nulla se non rispettare questi pericoli e cogliere i campanelli d'allarme.

L'obiettivo numero uno del team è sempre stato quello di tornare a casa. Questo precede ogni ambizione verso la cima.

Tuttavia una salita in stile alpino dell'Ice Fall dopo più di vent'anni di scalate con scale e corde fisse e la seconda discesa assoluta con gli sci dall' Ice Fall, non sono certo cose da buttare via; anche se il nostro obiettivo era ben più ambizioso. La vera sfida è con noi stessi e mai "contro" la montagna sempre e comunque imperturbabile vincitrice. L'abbiamo ammirata e rispettata dal primo all'ultimo giorno.

L'unico mio rimpianto è di non aver potuto tentare la cima nonostante uno stato di forma incredibile e il non aver mai avuto nemmeno un piccolo mal di testa.

Ma va bene così e ora non vedo l'ora di tornare a casa!

Circolo polare artico

Seguendo lo stesso metodo d'allenamento che avevo sperimentato per la spedizione in Himalaya nel 2013, conscio dell'ottima condizione atletica avuta durante la spedizione, mi sono preparato per una nuova spedizione di sci estremo al Circolo polare artico nel 2015 e 2016. Alla ricerca di nuove linee di sci estremo mai sciate prima.

SVALBARD EXPEDITION
Il resoconto uscito nell'articolo su MontagnaTv e MountainBlog
Circolo polare artico 79°-80° Latitudine Nord
TEAM
Giovanni Poli: guida alpina e conoscitore del Polo Nord (ITA)
Federico Colli: tecnico federale di sci alpino ed esperto di sci estremo (ITA)
Olav Askvik-Jorgensen: specializzato in orienteering e ski tour al circolo polare artico (NOR)

ATOMFJELLET
È una zona montagnosa, e molto alpina, che si raggiunge con un trasporto in motoslitta di circa 5 ore sul ghiacciaio nella parte nord delle isole (Spitsbergen), con partenza da Longyerabyen, ultimo avamposto abitato prima dei ghiacci perenni. Campo base sul ghiacciaio a circa 900 metri altezza. Nelle tende non c'è riscaldamento, si dorme circa a -10 -12 gradi, ma nella cucina comune sì, dove si mangia e si asciugano l'attrezzatura e i vestiti grazie a una piccola stufa e ai fornelli con cui si prepara da mangiare e si scioglie la neve per creare acqua potabile aggiungendole i sali minerali.

Atomfjella è un massiccio montuoso caratterizzato da centinaia di pendii scoscesi di 50°-55° gradi di pendenza e da cime incredibili, tra cui molte conosciute solo sulla cartina ma mai scalate o sciate.

In questa stagione il sole non tramonta mai, semplicemente compie il suo giro da est ad ovest e lascia agli alpinisti la possibilità di avere sempre la luce.

Il freddo è sempre molto pungente, tra i -20 e i -25 gradi, ma quello che può rendere davvero estreme le temperature è il forte vento che, se arriva da nord, davvero può tagliare con le sue raffiche a 70-80 km/h.

Oltre alle temperature che obbligano a dormire con tutte le batterie (macchina fotografica, go pro, satellitare) nel sacco a pelo, il vero pericolo sono gli orsi polari, sempre a caccia in primavera dopo il buio e freddissimo inverno polare.

Per questo grazie alla sapienza di Giovanni abbiamo creato con un filo da pesca e piccole penne che esplodono delle cariche simili alle scaccia-cani (rumore e lampo) un recinto intorno al campo base. Poi ovviamente il girare sempre insieme e con i fucili non solo è consigliato ma obbligatorio come ultima risorsa in caso di attacco.

Grazie alla collaborazione dei membri del team siamo riusciti ad aprire in due anni, 2015 e 2016, dieci nuove linee di discesa di sci estremo su due pareti inviolate con gli sci e a trovare ripidi couloir mai sciati prima. Alcune delle montagne che abbiamo scalato in questa spedizione sono già state scalate o scese dalla via normale, ma mai sciate dalle nuove linee che abbiamo tracciato su 55° di pendenza. Nessun Italiano aveva mai ottenuto questo risultato sullo sci estremo al Circolo polare artico.

Delle guide francesi nel 2018 hanno ripetuto alcune discese da noi aperte per la prima volta, riportando che si tratta di alcuni pendii di 60°.

Capitolo 9

Conclusioni

Questo libro ti servirà per attivare in te le giuste idee e il desiderio di intraprendere un efficace e vincente percorso atletico, sfruttando al meglio il tempo dedicato allo sport e alla preparazione atletica specifica.

È ora di fare questa esperienza, tocca a te fare pratica e constatare l'efficacia di tale metodo.

Se ti alleni tecnicamente sugli sci e ti prepari meglio di quanto tu abbia mai fatto dal punto di vista atletico e mentale, hai più possibilità di dimostrare le tue potenzialità.

Tutto questo deve essere di stimolo per noi coach e per gli atleti al fine di sviluppare migliori programmi d'allenamento e stimolare un ragionamento per perfezionare un metodo d'allenamento.

Fermo restando che possiamo anche essere "cintura nera" di preparazione atletica, ma se poi non ci mettiamo passione sarà difficile creare atleti migliori, al massimo atleti un po' più allenati...

La passione non si allena, la passione è il motore di ogni azione piena di energia.

Contatti :

collifederico@yahoo.it
www.federicocolli.com
IG fedecolli79

Bibliografia

American college of sport medicine 2000
2130-2045 Andersen

Andersen et al.1994, *Myosin heavy chain isoform in single fires.* *Muscle nerve* 130-145

Andersen et al. 2005, *Changes in humans muscle force velocity journal of applied physiology*

Baker and Newton R.U. 2007, *Change in power sport output across a high repetition set,* Strengh and Conditioning Research 21, 1007-1021

Benoit H., Busso T., Castells J., *Influence of hypoxic ventilatory response of arterial O2 saturation during maximal exercise in acute hypoxia,* Eur. Apll. Physiol 72, 1995, 101-105

Bertagnolio, A. (2019), *Muscle exercising equipment,* U.S. Patent Application

Billat 2003, *The concept of maximal lactate steady state,* Sport medicine 33: 406-430

Bloomquist et al. 2013, *Effect of range of motion in heavy load squatting on muscle and tendon adaptation,* Eur J APPL physic 2130-2166

Bompa T.O. 2005, *Treinando atletas,* Phorte editoria

Bompa T.O. and Haff G.G. 2009, *Periodization theory and methodology of training*

Bonen 2001, *The expression of lactate transporters in heart and muscle,* European journal of applied physiology 86 1-11

Burd N.A. et al 2010, Low load high volume resistance ex. stimulated muscle protein synthesis more than high load, low volume resistance ex.

Behm D.G., Leonard A.M., Young W.B., Bonsey W.A.C., Trunk rotation eletromyographic activity with unstable and unilateral exercises j. strength cond. 19:193-201. 2005

Conwit R.A. et al 2000, Fatigue effects on motor unit activity during sub maximal contractions. Physical medicine 81: 1211-1216

De Salles B.F. 2010, *Strength increases in upper and lower body are larger with longer inter-set rest intervals*, Journal of science and medicine in sport 13, 14: 418-433

Doessing and Kiaer 2005, *Grow hormone and connective tissue in exercise*, Scandinavian journal of medicine and science sport cap.15 200-220

Ebbing and Clarkson 1989, *Exercise-induced muscle damage and adaptation*, Sport medicine 7: 206-235

Enoka R.M. 2002, *Neuromechanics basis of human movement*, 3rd ed. champaign, IL. Human kinetics

Fiorilli, G., Mariano, I., Iuliano, E., Giombini, A., Ciccarelli, A., Buonsenso, A., Di Cagno, A. (2020). *Isoinertial Eccentric-Overload Training in Young Soccer Players: Effects on Strength, Sprint, Change of Direction, Agility and Soccer Shooting Precision*, Journal of Sports Science & Medicine, 19(1), 213.

Fleck and Kraemer 1996, *Periodization breakthrough*, New York Advanced research press.

Gallwey T. 1974, *The Inner Game of Tennis*

Goto et al 2004, *Muscolar adaptations to combination of high intensity resistence exercises*, Journal of strength and conditioning research 18.4 730-747.

Kjaer et al. 2006, *Extracellular matrix adaptation of tendon and skeletal muscle to exercise*, Journal of anatomy 208. 440-456

Maroto-Izquierdo, S., García-López, D., Fernandez-Gonzalo, R., Moreira, O. C., González-Gallego, J., De Paz, J. A. (2017). *Skeletal muscle functional and structural adaptations after eccentric overload flywheel resistance training: a systematic review and meta-analysis,* Journal of science and medicine in sport, 20(10), 943-951.

Mujika, *The influence of training characteristic and tepering*, Int. J. Sport medicine 19, 1998, 435-447

Onambélé, G. L., Maganaris, C. N., Mian, O. S., Tam, E., Rejc, E., McEwan, I. M., & Narici, M. V. (2008). *Neuromuscular and ba-*

lance responses to flywheel inertial versus weight training in older persons, Journal of biomechanics, 41(15), pp. 3133-3138

Petré H., Wernstål F., Mattsson C.M. 2018, *Effects of flywheel training on strength-related variables: A meta-analysis*, Sports medicine-open, 4(1), 55.

Power K. et al 2004, *An acute bout of static stretch. Effect on force and jumping performance*, Medicine and science in sport exercise 36: 1380-1396

Takagi R. 2011, *Influence of icing on muscle regeneration after muscles exercise*, Journal of applied physiology 110. 343-388

Weineck J. 2009, *L'allenamento ottimale*, pp 25-28

Vicens-Bordas J., Esteve E., Fort-Vanmeerhaeghe A., Bandholm T., Thorborg K. (2018), *Is inertial flywheel resistance training superior to gravity-dependent resistance training in improving muscle strength? A systematic review with meta-analyses*, Journal of science and medicine in sport, 21(1), 75-83.

Van Someren 2006, *The physiology of anaerobic endurance training. Physiology of training,* ed. G. Whyte, London , Elsevier 88.

Zhou S. 2003, *Cross education and neuromuscular adaptations during early stage of strength training*, Journal of exercise science and fitness 1: 52-60

.

References ASIVA 12

1. Equipment designed to reduce risk of severe traumatic injuries in alpine ski racing: constructive collaboration between the International Ski Federation, industry and science Br. J. Sports. Med. 2016;50:1 1-2

2. Effect of ski geometry on aggressive ski behaviour and visual aesthetics: equipment designed to reduce risk of severe traumatic knee injuries in alpine giant slalom ski racing. Br J Sports Med. 2016 Jan;50(1):20-5. doi: 10.1136/bjsports-2015-095433. Epub 2015 Nov 24.

3. The relationship between ACL injuries and physical fitness in young competitive ski racers: a 10-year longitudinal study. Br J Sports Med. 2012;46(15):1065–71.

4. How Effective are F-MARC Injury Prevention Programs for Soccer Players? A Systematic Review and Meta-Analysis. Sports Med. 2016 Feb;46(2):205-1

5. A systematic review of the effects of upper body warmup on performance and injury. Br J Sports Med. 2015 Jul;49(14):935-42.

Ringraziamenti

Ringrazio tutti gli atleti, i colleghi e le aziende che hanno fiducia nel mio lavoro e condividono con me la stessa passione per lo sport. In particolare Federica, Raffaella e Martina, delle vere TIGRI, che hanno reso incredibili e ricchi di successi questi anni di allenamenti insieme.

Indice

Printed in Great Britain
by Amazon